EDMOND ET JULES DE GONCOURT

Les actrices du XVIIIe siècle

Sophie Arnould

D'après sa correspondance et ses mémoires inédits

Édition définitive

publiée sous la direction de l'Académie Goncourt

ERNEST FLAMMARION
ÉDITEUR
26, Rue Racine, 26

EUGÈNE FASQUELLE
ÉDITEUR
11, Rue de Grenelle, 11

PARIS

Œuvres

d'Edmond et Jules de GONCOURT

Édition définitive publiée sous la direction de l'Académie Goncourt

Déjà parus :

Edmond et Jules de GONCOURT

Germinie Lacerteux, roman, avec postface de Gustave Geffroy, de l'Académie Goncourt

Sophie Arnould, avec postface d'Émile Bergerat, de l'Académie Goncourt.

Edmond de GONCOURT

La fille Élisa, roman, avec postface de Jean Ajalbert, de l'Académie Goncourt.

Chérie, roman, avec postface de J.-H. Rosny aîné, de l'Académie Goncourt,

Pour paraître prochainement :

Edmond et Jules de GONCOURT

Sœur Philomène, avec postface de Lucien Descaves, de l'Académie Goncourt.

18115. Paris. Imp. Hemmerlé, Petit et Cⁱᵉ. 2-22.

Sophie Arnould

Il a été tiré de cet ouvrage :
Vingt exemplaires sur papier de Hollande,
numérotés de 1 à 20
et cinquante exemplaires sur papier vélin
des papeteries du Marais,
numérotés de 21 à 70.

OEUVRES DE E. ET J. DE GONCOURT

DANS LA MÊME ÉDITION

Déjà parus :

EDMOND ET JULES DE GONCOURT

GERMINIE LACERTEUX, roman, avec postface de Gustave Geffroy, de l'*Académie Goncourt.*

EDMOND DE GONCOURT

LA FILLE ÉLISA, roman, avec postface de Jean Ajalbert, de l'*Académie Goncourt.*

CHÉRIE, roman, avec postface de J.-H. Rosny aîné, de l'*Académie Goncourt.*

Pour paraître prochainement :

EDMOND ET JULES DE GONCOURT

SŒUR PHILOMÈNE, avec postface de Lucien Descaves, de l'*Académie Goncourt.*

SOPHIE ARNOULD
Par Greuze.

POSTFACE DE M. ÉMILE BERGERAT

(de l'Académie Goncourt)

ÉDITION DÉFINITIVE

publiée sous la direction de l'Académie Goncourt

PARIS

ERNEST FLAMMARION   EUGÈNE FASQUELLE

PREFACE

DE.

LA PREMIÈRE ÉDITION

Nous achetâmes, il y a deux ans, chez M. Charavay, une liasse de papiers, — ne sachant guère ce que nous achetions. Dans cette liasse se trouvaient pêle-mêle des documents, des notes, des extraits, des fragments, l'ébauche d'une étude sur Sophie Arnould, des mémoires inachevés de la chanteuse, attribués par le manuscrit à Sophie elle-même, enfin des copies de lettres de Sophie.

Une lecture attentive de ces dernières amena la conviction dans notre esprit : ces lettres étaient incontestablement de Sophie; mais si nous n'avions pas de doute, le public avait le droit d'en avoir. Il fallait les preuves. Les catalogues d'autographes nous les fournirent immédiatement. Des copies

que nous possédions, nous rencontrions des
extraits, publiés d'après les originaux, dans
les catalogues de vente de lettres du 3 février
et du 14 mai 1845, du 16 avril 1846, du
10 mars 1847, du 2 mars 1854. Plus tard,
une lettre dont nous faisions l'acquisition,
chez M. Laverdet, se trouvait être le double,
exactement textuel, d'une de nos copies ;
plus tard encore, une lettre de Sophie, relative à la machine infernale de la rue Saint-
Nicaise, que voulait bien nous communiquer
M. Chambry, présentait la reproduction
littérale d'une autre de nos copies. L'authenticité était donc établie et parfaite : c'étaient
vingt-deux lettres inédites de Sophie à M. et
à Mᵐᵉ Belanger, sauvées et retrouvées.

Les Mémoires de Sophie. — ils ne vont
malheureusement, ces Mémoires, que de sa
naissance à son enlèvement, — ont pour
nous la même authenticité historique. Il ne
leur manque que la preuve des lettres, la
preuve autographe. Mais c'est le tour et
l'esprit de Sophie Arnould, et son ton et
son accent. Cette voix même un peu enflée,
ces parures de roman qu'elle donne à sa
jeunesse, ce rehaussement de sa famille,
cette allure moins libre et se guindant

devant le public de sa vie, n'est-ce pas le
caractère et le goût propre des mémoires
d'une comédienne qui se confesse? Sophie
n'affiche-t-elle pas, dans une lettre à Lauraguais, de l'an VII, donnée dans ce volume,
l'intention d'écrire l'histoire de ses amours?
Et si ces mémoires étaient fabriqués, pourquoi s'arrêteraient-ils en chemin? — Toutefois, n'ayant point derrière nous le manuscrit autographe, nous n'avons osé hasarder
aucun extrait; nous nous sommes contentés
de tirer de ces mémoires les faits qui ampli-
fient, certifient, contredisent, avec un accent
de vérité incontestable, les récits déjà publiés.

Il fallait encore apporter à cette étude l'intérêt de tous les documents autographes que
la bonne volonté des amateurs pouvait mettre
à notre disposition. Nous avons réussi, et
nous remercions M. le marquis de Flers,
M. Chambry, M. Boutron, M. Fossé d'Arcosse, etc., de nous avoir donné, d'avoir offert
au public les restes et les reliques de ce rare
et charmant esprit.

EDMOND ET JULES DE GONCOURT.

Paris, 12 janvier 1857.

Postérieurement à la publication de la première édition de ce volume, j'ai retrouvé, j'ai acquis le commencement des Mémoires *autographes* de Sophie Arnould. Malheureusement, ce n'est qu'un très petit fragment. Il y a en tout quatorze pages, dans lesquelles Sophie recommence trois fois l'histoire de sa naissance et de ses premières années. Toutefois, quelque incomplet que soit le manuscrit, son existence démontre que les mémoires annexés aux lettres n'ont pas été fabriqués, qu'ils ont été bien réellement écrits par la célèbre actrice, à la sollicitation d'un ami, d'un *teinturier*, d'un éditeur dont le nom est resté inconnu.

E. G.

Décembre 1876.

Depuis la publication de cette préface de la seconde édition, j'ai eu connaissance d'un article de l'*Amateur d'autographes* (août 1878) dans lequel M. Dubrunfaut avançait qu'on ne connaissait pas le manuscrit autographe de Sophie Arnould. Si, sans aucun doute, du moins un fragment incontestablement de

la main de Sophie, — les quatorze pages
que je possède, — et où elle recommence
trois fois l'histoire de sa naissance et de
ses premières années. Seulement, alors je
croyais à une suite autographe des Mémoires,
peut-être perdue, peut-être enfouie dans
quelque collection inconnue ; à l'heure présente je n'y crois plus guère ; je suis presque convaincu que la paresseuse artiste, que
l'écriture n'amusait pas, s'est arrêtée à la
quatorzième page, et que les mémoires
manuscrits que j'ai entre les mains, sauf le
commencement par un certain Talbot, sur
la commande de Loiseau, n'ont pas été
rédigés, dis-je, sur un brouillon de la chanteuse, mais bien d'après ses confidences et
ses conversations. Cela est confirmé par le
prospectus du livre qui a seul paru et que je
possède également. Et ce prospectus, je le
donne comme l'annonce d'un livre construit
d'une manière assez originale pour le temps,
et qui devait contenir des lettres et des
documents que je ne retrouve pas dans les
papiers de Talbot en ma possession.

PROSPECTUS

HUIT CONTEMPORAINS

ou

CORRESPONDANCE AUTOGRAPHE

DE

SOPHIE ARNOULD

ADANSON, philosophe naturaliste ;

NOVERRE, maitre de ballets ;

Le comte de LAURAGUAIS-BRANCAS ;

FAUJAS DE SAINT-FOND, naturaliste ;

BEAUMARCHAIS ;

Mme BEAUMARCHAIS ;

AVEC

Feu BÉLANGER, architecte du roi, etc., etc.,

PRÉCÉDÉE

D'UNE PARTIE DE LA VIE DE SOPHIE ARNOULD,

ÉCRITE PAR ELLE-MÊME

D'UNE NOTICE HISTORIQUE SUR CHACUN DES PERSONNAGES

PRÉCÉDENTS ;

D'UN FAC-SIMILÉ DE CHACUNE DE LEURS ÉCRITURES

ET ORNÉE DE TROIS PORTRAITS,

AU NOMBRE DESQUELS SE TROUVE CELUI DE SOPHIE ARNOULD,

DESSINÉ PAR BOIZOT.

« La France, amusée dans son enfance par des hochets, bercée dans sa jeunesse par des prestiges de gloire, et parvenue enfin à la raison de l'âge mûr, s'est lassée des mensonges, d'illusions, de fables. . . . .

. . . .

Au lieu de cela, que nous ont offert les mémoires contemporains ? l'esprit de parti, les animosités particulières, les préjugés, l'intérêt surtout, dénaturant, décolorant les faits, en publiant d'imaginaires. . . . .

. . . .

. . . .

Les lettres familières nous semblent plus particulièrement destinées à enrichir l'histoire de documents authentiques. Cet abandon de l'amitié, cette causerie de l'intimité, n'admettent ni faussetés ni détours, et comme l'on n'en soupçonne pas plus qu'on n'en redoute la publicité, les pensées les plus secrètes s'y trahissent, l'esprit et le cœur s'y montrent sans déguisement.

Les lettres que nous annonçons au public sont déjà recommandables, comme on le voit, par le nom des personnages qui les ont écrites, et dont nous possédons les originaux, mais quand on apprendra qu'elles renferment tout ce qu'il a de plus instructif à la fois, de plus original et de plus piquant ; quand on saura que la science, la politique, la littérature, y ont leur compte avec de nouveaux aperçus, quand on y verra le vieux philosophe Adanson, l'homme le plus scientifique et le plus profond qui fut jamais, s'enivrer des regards d'une Dervieux, et tourner le fuseau presque à ses pieds ; Noverre, déployer toutes les ressources de l'imagination la plus riche ; M^mo Beaumarchais, effacer presque les Ninon et les Sévigné ; et cette brillante Sophie Arnould, parer tour à tour son style de tout ce que l'esprit a de folle gaieté, de tout ce que le cœur a de sentiments les plus exquis, révéler avec cet abandon séduisant toutes les petites indiscrétions du boudoir et nous initier aux mystères de l'alcôve, c'est alors surtout que nos lecteurs nous sauront gré de notre entreprise. 2 vol. in-8. . . . . 12 fr.

Nota. — Cet ouvrage sera précédé d'une Correspondance de divers particuliers de distinction avec Belanger, puis d'un Discours sur l'architecture et sur les arts en général par Belanger, et de différentes lettres du même à divers personnages.

J'avais espéré découvrir dans les *Papiers de Belanger*, acquis par le Musée de la Ville de Paris, à la vente Dubrunfaut, quelques nouvelles copies de lettres de Sophie Arnould, ou au moins des copies de lettres d'Adanson, de Noverre, de Beaumarchais, etc., etc., donnant des détails circonstanciés sur la chanteuse; mais, sauf quatre lignes d'une lettre de « l'ami Moyreau », je n'ai rien trouvé que les éléments d'une curieuse biographie de Belanger, et des réflexions, des projets, des mémoires de l'amant de Sophie sur le goût, sur l'établissement d'échaudoirs, sur le prix du cuivre, sur les enterrements des condamnés révolutionnaires.

EDMOND DE GONCOURT.

Novembre 1884.

Sophie Arnould

D'après sa correspondance et ses mémoires inédits.

I

De rares créatures, et semées dans le temps à de longs intervalles, ces femmes, qui, vivantes, sont le scandale d'un siècle, — et mortes, son sourire.

Un grand homme semble moins coûter au faiseur de créatures qu'une courtisane. L'Histoire a vécu six mille ans : devant elle ont passé des armées de héros, de capitaines, de rois, de sages ; à peine a-t-elle compté dix muses de l'Amour, de Vénus et de la Fortune.

C'est qu'il leur faut, à ces enfants gâtés du souvenir des peuples, tant et de si immortels enchantements ! Cherchez parmi le troupeau des viles amoureuses, parmi ce peuple de Plangones et de Polyarchis ; combien en trouverez-vous qui se soient survécu, et dont les hommes

aient gardé la mémoire comme le parfum du
Plaisir? Combien, dont le baiser ait laissé
autant de bruit que la Gloire? Combien sont-
elles, qui aient été les favorites d'un siècle de
Périclès, de Léon X ou de Louis XIV, et qui
s'appellent Aspasie, Impéria ou Ninon?

Ces femmes, ces médailles de la Grâce,
méritent l'étude. Elles font revivre leur patrie
et leur temps. Elles avouent l'humanité tout
entière d'Athènes, de Rome ou de Paris. Elles
sont l'aimable et la franche confession des
mœurs et des idées. Elles apportent avec leurs
biographies la vie intime et déshabillée de la
génération qu'elles enivrent.

Voici l'une, la dernière venue, la dernière
peut-être, la sœur cadette de Ninon, la seule
courtisane de l'âge d'or des filles : Sophie
Arnould.

II

*Voulez-vous donc, mon bon et estimable ami,
que je vous retrace, par écrit, l'histoire très
extraordinaire de ma vie ; — vous qui m'avez
connue, je puis le dire avec vérité, avant l'aurore
de mes plus beaux jours, puisqu'à peine attei-
gnais-je alors ma quatorzième année, — vous
qui avez vu la très-innocente, la très-ignorante*

Sophie, se livrer, s'abandonner à son amant.   .

. . . .

*. . . . . . les infortunés goûtent une espèce
de plaisir à épancher leurs douleurs dans le sein
de l'amitié, et c'est le seul aujourd'hui auquel
il me soit permis de me livrer. Je commence donc.*

*Je suis née d'une famille honnête. Mon ayeul
paternel a été proscrit et fugitif par le malheureux édit de Nantes qui a fait perdre à la France
tant d'honnêtes familles, et qui a entraîné la
perte de tous leurs biens. D'autres circonstances
non moins malheureuses ont amené mon père à
Paris, où avec le peu qui lui restait des dépouilles
de sa fortune, il s'est mis dans le commerce et a
épousé ma mère, fille d'un bon bourgeois de
Blois...*

*Enfin, je suis née. Et, chose remarquable,
c'est que je suis née dans la même alcôve, où avait
été assassiné l'amiral Coligny, deux cents ans
auparavant*[1], *étant née en 1745*[2]*... Autre événe-*

---

1. Une lettre de Sophie Arnould, publiée dans un journal
en 1776, signale cette bonne fortune de son berceau, d'avoir
été placé dans l'illustre chambre de Coligny, habitée depuis
par la duchesse de Montbazon et devenue un temps l'atelier
de Vanloo. Malheureusement pour la vérité et l'exactitude de
la légende qui court les livres, l'actrice a fait, et dans sa lettre
et dans ses mémoires, un gros mensonge. L'actrice est née,
ainsi que l'atteste son acte de naissance, rue Louis-le-Grand,
et n'a habité la rue Bétizy (depuis, la rue des Fossés-Saint-
Germain-l'Auxerrois) que quelques années après sa naissance.

2. Sophie Arnould se rajeunit sciemment, et même la date

*ment de mon enfance, c'est qu'ayant été mise en
nourrice à la campagne, et ma nourrice se trouvant enceinte, j'ai, comme Chloé, été allaitée par
une chèvre, qui venait avec de grandes précautions se poser sur mon berceau pour me présenter
son pis. Enfin je suis venue aussi bien portante
que le permettait la délicatesse de mon individu,
qui a toujours été très-frêle.*

Les parents de Sophie Arnould étaient de
bonne bourgeoisie, gens de négoce, frottés au
monde, aisés, se plaisant au bien-vivre, hono-
rant le travail et la fortune honnête. Son père
était de cette grande famille d'esprits sains, pra-
tiques, formés et élevés par le labeur de la vie,
qui allait être le Tiers-État. Il avait un gros bon
sens, calme, assis et serein, à la façon des personnages raisonnables de Molière, et doué d'un
assez grand orgueil pour ne rougir ni de lui ni
des siens ; il laissait se faire les anoblissements
autour de lui, en riant des anoblis, sans les

de 1744 donnée par quelques biographes, n'est pas la vraie
date de sa naissance : Sophie est née le 13 février 1740, ainsi
que le témoigne son acte de naissance, que j'ai découvert aux
Archives nationales.

« L'an mil. sept cent quarante, le 14 février, Magdeleine
Sophie, fille de Jean Arnould, officier d'office, présent, et de
Rose-Marguerite Laurent sa femme, née hier rue Louis-le-
Grand, en cette paroisse a été baptisée.

« Le parrein : Louis Le Vasseur, directeur dans les fermes
du roi, rue Coq-Héron paroisse Saint-Eustache ; la marreine :
Magdeleine Chevalier, fille majeure, rue du Mail, susdite
paroisse. »

envier. Pourtant, au logis, c'est le pot au lait
de Perrette : atteindre les trente mille livres de
rente, laisser le commerce, acheter une charge
de trésorier de France, ou se faire admettre à
l'échevinage de Paris ; attraper la noblesse,
c'était le rêve caressé et poursuivi de la compagne du bonhomme. — « Bah ! répliquait le
bourgeois à sa femme, nous avons des parents
dans le commerce, dans l'agriculture ; mon
nouvel emploi nous anoblira, je le veux ; ano-
blira-t-il nos deux familles ? » et pensant aux
bonnes fêtes du foyer, il ajoutait : « Adieu pour
toujours, dès ce moment, aux visites du jour de
l'an et aux quatre repas des fêtes annuelles ».

Mme Arnould n'avait point cette sagesse. Née
dans cette jolie petite ville de Blois, où Cathe-
rine de Médicis a laissé comme une odeur de
cour, comme un air de Paris, Mme Arnould, à
peine Parisienne, s'était lancée dans le grand
monde. De son pays, un petit ton provincial lui
était resté, mais son esprit avait de l'oreille ;
elle se tut, écouta, travailla, et sortit de cette
retraite une parfaitement aimable femme, parlant beaucoup, et bien, et agréablement, digne
de la causerie de tous[1]. Elle aimait les sociétés,

---

1. *Vous l'avez connue assez*, écrit Sophie, *pour n'avoir pas
besoin de vous rappeler les charmes de son esprit, de sa figure,
de ses manières nobles. Elle avait reçu une fort bonne éducation qui, jointe à de l'esprit naturel, la rendait dans les so-*

le choc des mots et des idées, le bruit des
grands hommes. Elle voyait les académiciens
des trois académies. Elle courait les philosophes. Voltaire était de ses amis. Fontenelle
lui apportait, quelques jours avant de mourir,
le manuscrit d'une tragédie de Corneille. Diderot et d'Alembert s'asseyaient à sa table ; et le
mari couché, ses comptes faits, — M. Arnould
s'endormait de bonne heure, — c'était entre la
mère de Sophie Arnould et les Encelades de
l'*Encyclopédie* les plus belles querelles de la
terre sur Dieu et le monde.

Sophie était revenue de nourrice, et l'éducation de la petite fille [1] commençait presque au

*ciétés la femme la plus aimable et la plus intéressante. Le
hasard l'avait fait admettre dans la société des gens les plus
célèbres, comme les plus illustres, où elle a passé les quinze
premières années de sa vie, et elle avait su se conserver par son
amabilité, par son bon ton, des protecteurs et des amis. Ces
derniers étaient Fontenelle, Piron, le comte de Caylus, l'ami
des arts, des talents et des lettres, le charmant Moncrif, l'abbé
de Bernis; et tous ces personnages illustres étaient ses fami-
liers, ses amis intimes.*

1. L'enfance de Sophie grandit au milieu de plusieurs sœurs
et près d'un frère, mobile, ardent, changeant, allant de carrière en carrière, et passant de la plume à l'épée, de l'épée
au petit collet, et du petit collet au pinceau. — Les Archives
nationales possèdent un acte notarié par lequel Sophie Arnould
s'engage à payer annuellement 300 livres de rente à Mlle Anne-
Marie Collard, fille de sa sœur Rosalie Arnould, mariée à
Pierre Collard, marchand traiteur à Paris, la Rosalie qui entra
dans la musique de la chambre du roi en 1770 et y resta jusqu'en 1792. — Sa seconde sœur, d'après une note de l'*Arnoldiana*, annoté par Millin, épousa Seguin, apothicaire, dont
l'officine est devenue célèbre par la vente du vin de quinquina.

sortir du berceau. Écoutez-la : *Ensuite est venu le temps de l'éducation qui a commencé, aussi tôt que j'ai pu parler, car je n'ai nulle souvenance d'avoir appris à lire et très-peu à écrire, d'autant qu'à l'âge de quatre ans ou un peu plus, je lisais, et qu'à sept j'écrivais mieux que je ne le fais actuellement. A deux ans et demi, j'ai commencé à apprendre la musique, et je la déchiffrais à livre ouvert à sept ou huit.* L'enfant prodige fut gâté, caressé, pomponné. Elle eut sur sa petite personne des vêtements de soie, des colliers de marcassite, des fleurs dans les cheveux. Mais quoi? ne fallait-il point une fille ainsi accommodée à une bourgeoise qui avait l'honneur d'avoir demi-heure à sa porte le carrosse et les grands laquais dorés d'une vieille connaissance : Monseigneur le cardinal de Bernis !

Quand la bambine eut quatre ou cinq ans, Mme la princesse de Modène, femme séparée de M. le prince de Conti, s'en amouracha. Mme de Conti était désœuvrée, ennuyée : elle demanda la petite Sophie à sa mère ; et la petite Sophie devint l'amusement et le joujou de cette grande dame sans mari, sans amants, sans enfants, sans emploi. Mme de Conti *la trimbalant partout avec elle, comme elle aurait fait de son petit chien,* traitait l'enfant ainsi qu'un petit animal de compagnie, gentil et drôle, bruyant et riant, une machine au gai tapage, qui empêchait de compter

les heures lentes de ses longues journées. Elle
la mettait sur ses genoux, tantôt la jetait au clavecin, tantôt l'emportait dans son carrosse,
tantôt l'asseyait au salon et lui faisait divertir
l'assemblée., ou tout à coup la poussait dans
l'antichambre regarder bâiller ses laquais.

Rien n'avait été négligé pour l'éducation de
virtuose de Sophie : *Ma mère*, écrit-elle, *cette
femme tant aimée de moi, tant aimable, tant
regrettable, m'a donné des maîtres dans tous les
genres*. Et elle dit qu'avant l'âge de douze ans
les langues latine et italienne lui étaient familières. À dix ans elle chantait comme une can-
tatrice. Le temps de sa première communion
approchant, elle fut mise au couvent des Ursu-
lines de Saint-Denis, dont la supérieure était la
compatriote et l'amie de sa mère. Là, déjà, sa
voix fit merveille. La cour et la ville accoururent
à une fête de Saint Augustin pour l'entendre.
Voltaire, du fond de Ferney, écrivit à la petite
Arnould, sur ses succès de chanteuse et sa première communion, une épître si piquante que
Mme Arnould la jeta sur l'heure au feu sans en
permettre une copie à M. le duc de Nivernais
qui la priait à deux genoux.

Au sortir de Saint-Denis, Sophie rentra définitivement chez Mme de Conti, à son grand hôtel
de Conti. Elle eut les plus célèbres professeurs
d'harmonie. Balbatre avait la bonté de venir

régler son clavecin. Jéliote, lui-même, Jéliote !
daignait chanter avec elle. Elle croissait en
grâces, en agréments, en talents. Mme de Conti
avait gardé ses habitudes italiennes. De temps
en temps, elle allait faire des retraites dans un des
quatre couvents qu'elle aimait. Son choix tomba
cette fois sur Panthémont, qui était dans son
voisinage. Arrivée à Panthémont, Mme de Conti
trouve le couvent dans la consternation : la reli-
gieuse qui doit chanter les Ténèbres est tombée
soudainement malade. Mme de Conti propose sa
petite protégée pour la remplacer. L'abbesse accepte la doublure. L'office commence, — c'était
le mercredi saint, — la jeune fille se hasarde,
s'enhardit, ravit les cœurs et les oreilles. Le
lendemain au matin, l'église de Panthémont fut
pleine. Quand Sophie eut fini, il y eut un murmure d'enchantement. Le vendredi, l'église
était prise d'assaut, et plus de deux cents car-
rosses étaient renvoyés. Ce fut le *Miserere* de
Lalande qui sortit ce jour-là de la bouche de Sophie, et chanté sur un si grand ton de plainte et
avec une telle harmonie gémissante, que la
chanteuse ne fut applaudie que par des larmes.

III

Un succès que ce début improvisé : la nouvelle
et l'événement, l'occupation du jour et du lende-

main, le bruit et la causerie du monde. Imaginez
tout le faubourg Saint-Germain allant se faire
inscrire chez la maîtresse de cette fée, de cet
ange, de cette voix céleste; Paris heureux et
amoureux comme s'il avait trouvé une nouvelle
mode; Mme de Conti toute fière d'avoir couvé
cette petite gloire; la cour même émue des
applaudissements de la ville; bien plus, la Reine,
— cette reine retirée dans un petit monde d'amitiés, et qui ne regardait guère au dehors pour
n'être point dérangée de son tranquille bonheur,
— la Reine curieuse! Marie Leczinska demandant à voir Sophie!

Mme de Conti fait atteler en gala, met, ce jour-
là, Sophie à la bonne place à côté d'elle; et
grande livrée, et beaux chevaux de brûler la
route de Versailles en gens et en bêtes qui
savent mener le caprice d'une reine, tandis que
la princesse, moitié tendre, moitié amère, dit,
se penchant sur la petite : « A cause de vous,
l'on se ressouvient de moi! » On descend; puis
on monte. Sa Majesté arrive, l'air riant, baise la
petite au front avec un : « Elle est, en vérité,
bien jolie! » lui permet de s'asseoir, lui fait
apporter deux ou trois cahiers de musique, et
l'encourage à choisir et à n'avoir point peur.
Sophie entama bravement un morceau de bra-
voure dans le salon sonore; et le morceau n'était
pas fini, que la Reine, qui était musicienne, disait

à Mme de Conti : « Je la veux pour moi, ma cousine, vous me la donnerez? » Dans un des cabinets de la garde-robe, des sirops furent apportés; la Reine caressa Sophie de paroles, et la quitta en lui donnant un petit soufflet d'amitié avec son éventail.

Mais il y avait une autre reine de France : Mme de Pompadour. Le lendemain de l'entrevue avec la Reine, la femme de chambre de Mme de Pompadour, Mme Du Hausset, apportait à Mme de Conti une lettre où Mme de Pompadour la priait, comme elle savait prier la plume en main, de lui *prêter* sa petite chanteuse jusques au soir. Mme de Conti pensa faire atteler sur-le-champ; mais ce qu'on appelait alors « les grandes convenances » lui vinrent bientôt à l'esprit. Ce fut une lutte entre la honte de manquer à la Reine et la crainte de blesser la favorite. Au bout de la lutte, Mme de Conti envoya chercher Mme Arnould, et la chargea d'aller présenter, de sa part, sa fille à Mme de Pompadour. Mme Arnould écrasa Sophie de ses bijoux et partit. Mme de Pompadour traversait son grand salon, lorsque Mme et Mlle Arnould entrèrent. Elle s'arrêta, regarda et dit : « La mère et la fille sont le portrait l'une de l'autre; la mère a plus d'élévation dans la taille, la fille plus d'aventure et de roman dans le regard ! » Puis doucement: « Je vais chez le Roi pour deux minutes ; attendez-moi dans cette

galerie, et ne vous montrez à qui que ce soit. »
Il y avait dans la galerie deux clavecins magnifiques dont l'un était couvert de peintures de
Boucher, et, posées çà et là sur les meubles, des
mandolines, des guitares et des harpes dorées.
. Sophie alla vers le clavecin où jouaient les
rondes d'amours peintes, et, laissant sa petite
main courir sur le clavier, elle s'amusait de
quelques *folies* quand Mme de Pompadour lui
tirant l'oreille : « Ma chère enfant, le bon Dieu
vous a faite pour le théâtre; vous êtes née déli-
bérée comme il y faut être : vous ne tremblerez
pas devant le public ! »

Et l'on passa dans la chambre de la marquise.
Le lit était un trône drapé vert et or, frangé d'or,
dont le dais à colonnes posait sur une balustrade
marbre et or, formant demi-cercle, comme
chez la Reine, et dans le grand appartement du
Roi. Sophie s'assit au pupitre de Mme de Pompadour et chanta. Mme de Pompadour fut étonnée
et enchantée, lui demanda le nom de ses maîtres;
puis, quand les noms furent dits, elle resta
triste : ces maîtres, c'étaient les mêmes qu'avait
eus à Paris sa fille Alexandrine, qu'elle venait
de perdre !

Alors Mme de Pompadour les mena toutes
deux dans un cabinet où elles entendirent
chanter un rossignol. Comme elles s'émer-
veillaient : « Ma chère enfant, il est à vous, »

dit-elle à Sophie en lui tendant une clef, « si vous êtes assez leste pour l'attraper! » Ce ramage, cette chanson, ce printemps chantant, ce n'était que rouages et ressorts ! M. de Maurepas venait peut-être d'être pris à ce rossignol quand il disait de la marquise : « Elle a un génie extraordinaire pour la politique et les joujoux! » L'entretien sautait de sujets en sujets, changeant de ton, Mme de Pompadour répétant jusqu'à trois fois : « Au premier jour on dira de moi : Feue Madame de Pompadour ou la pauvre marquise! » Un moment se rapprochant de la mère et lui disant à mi-voix : « Si la Reine vous demandait votre fille pour la musique de sa chambre, n'ayez pas l'imprudence d'y souscrire. Le Roi vient de temps en temps à ces petits concerts de famille; et alors, au lieu d'avoir donné cette enfant à la Reine, vous en auriez fait présent au Roi! » Puis ayant regardé les lignes du front et de la main de la petite, — Mme de Pompadour était femme et croyait à ces choses, — elle lui dit gravement : « Vous ferez une charmante princesse! »

Je ne trouve pas le récit de l'entrevue de Mme de Pompadour et de Sophie ainsi raconté dans le manuscrit autographe de Sophie Arnould. L'auteur a-t-il eu en main une autre version, ou a-t-il rédigé cette entrevue d'après un récit fantaisiste de l'actrice? Voici le texte du manus-

crit. de Sophie : « Mme la duchesse de V..., fille d'un premier gentilhomme de la chambre, me mena en trophée chez la maîtresse du royaume, la marquise de P.......r, qui tira mon horoscope, de manière qu'elle me jugeait déjà digne d'être sa rivale au théâtre des Dieux. Elle vanta ma figure qui était pourtant très ordinaire et nullement développée, ma taille qui n'était pas encore à sa croissance et qui me faisait par là ressembler à une guêpe; j'avais pourtant une tournure qui n'était pas trop commune, j'avais encore les grâces de l'enfance, mais sans manières. Bref, ma mère et moy revinrent à Paris, elle, avec de tendres sollicitudes, de l'inquiétude sur ce qui m'arriverait, sur les projets que l'on formait tacitement sur moi ; et moi n'ayant rien compris aux beaux compliments qui m'avaient été faits par les belles dames et les beaux seigneurs, et ne voyant de bien dans tout cela que les joujoux magnifiques dont on m'avait gratifiée, et les belles bonbonnières pleines que l'on m'avait données de toutes parts[1].

[1]. J'ai la plus extrême défiance à l'égard des anecdotes racontées par Sophie Arnould dans les quelques pages de ses mémoires autographes ou dans les mémoires dictés par la vieille chanteuse. Nous avons déjà vu qu'elle mentait à propos de la date et du lieu de sa naissance.

IV

A quelques jours de ces visites, Mme Arnould recevait de Versailles un beau paquet aux armes du Roi : messieurs les gentilshommes de la chambre la rendaient informée que la Reine venait d'admettre sa fille dans sa musique particulière, et que la surintendance de sa maison lui en envoyait le brevet officiel. Dans le même paquet et sous la même enveloppe était la nomination de Mme Arnould à une des places de demoiselle de la musique de la chambre de la Reine, aux mêmes appointements et honoraires que sa fille : cent louis. Bientôt, second paquet de messieurs les gentilshommes de la chambre. Celui-ci était une lettre de cachet par laquelle Sophie était attachée, par ordre exprès du Roi, à la musique de Sa Majesté, et particulièrement à son théâtre de l'Opéra. Sur cela, Mme Arnould fondit en larmes et courut chez Mme de Conti demander main-forte contre le trop de bien que le Roi voulait à sa fille. Mme de Conti prit Sophie, et tombant chez son amie, l'abbesse de Panthémont : « Je vous amène, lui dit-elle, cette jeune personne dont messieurs les gentilshommes de la chambre veulent faire une actrice, chose que je ne veux pas ; cachez-

la-moi bien soigneusement dans un joli recoin
de votre monastère, en attendant que je puisse
parler au Roi. » Ce à quoi l'abbesse répondit :
« Princesse, on peut se sauver dans tous les
états, je n'irai point faire ce chagrin au Roi, qui
m'a donné mon abbaye. Voyez l'abbesse de
Saint-Antoine ou celle du Val-de-Grâce : peut-
être seront-elles, à cet égard, plus courageuses
que moi ! » Mme de Conti courut, sans désemparer,
trois abbayes, elle trouva partout la même
prudence, le même langage, et Sophie fut abandonnée par elle à ses destins.

M. Arnould, qui était un honnête homme,
tomba malade; par là-dessus une banqueroute
le ruina à moitié. Il fallait vivre ; il se fit hôte-
lier et loueur d'appartements[1]. La fierté s'en
allait du logis avec l'aisance. Les scrupules de
Mme Arnould s'humanisaient. Mme de Conti ne
lui donnait-elle pas, d'ailleurs, l'assurance que
sa fille ne serait employée d'abord à l'Opéra que
pour les concerts spirituels de la semaine sainte ?
La famille, cependant, continua à bouder le
vouloir du Roi; mais en demandant des loges à

1. Sur le dire de M. Deville que le père de Mlle Arnould
tenait, rue des Fossés-Saint-Germain-l'Auxerrois, l'hôtellerie
connue sous le nom de l'*Hôtel de Lisieux*, j'ai eu la curiosité
de faire une recherche dans le livre de Jeze, intitulé : *L'État
ou le tableau de la ville de Paris*, 1760. Je trouve M. Arnould
comme maître de l'Hôtel de Lisieux, à 30 *s par nuit pour
personnes de province.*

l'Opéra, en y allant trois fois par semaine. Sophie n'avait été menée par la princesse qu'à quelques grandes représentations du Théâtre-Français et de la Comédie-Italienne. L'enchantement, le ravissement, la première fois que devant Sophie se lève le rideau magique sur le décor d'ORPHÉE ! Elle pleure, elle palpite, elle tressaille comme à l'appel de sa fortune. Ce bruit, ces feux, cet or, ces harmonies, ces pompes et ces cris de l'âme : c'est l'avenir ouvert, la scène et la gloire promises.

Le 15 décembre 1757, Sophie Arnould débutait.

V

Il y avait plusieurs années déjà que Sophie était aimée et demandée en mariage par un ami de sa famille, le chevalier de Malézieux. Il était le plus jeune de ces trois Malézieux qu'un sobriquet avait baptisés : *les Beaux de la duchesse du Maine*. Celui-ci avait été plein de séduction, fait à ravir, emportant tous les cœurs, triomphant, adoré, lassé de victoires et de caresses. Il s'était, tout le long de sa vie, laissé aimer, sans aimer. Un jour vient où l'amour se venge ; et voilà tout à coup le chevalier de Malézieux chargé d'années et de souvenirs, vieux d'âme et

vieux de corps, amoureux comme un jeune
homme de cette petite folle qui grandit sur ses
genoux[1]. Quelle lutte de chaque jour contre les
soixante ans sonnés! Beau encore, mais avec
majesté, comme une ruine, il relevait d'une
toilette ingénieuse les restes de sa grâce. Il
chargeait de rouge ses joues pâlies; il déguisait
en lui le vieillard avec toutes sortes de soins;
mais, hélas! le visage passait sous le masque; et
un jour Mme de Conti, qui avait entendu parler
des vues d'un chevalier de Malézieux, trouvant
le sexagénaire chez Mme Arnould, lui demandait
d'un air d'amitié : « Monsieur, votre neveu est-
il d'un naturel à rendre heureuse ma Sophie? »
Le chevalier répliqua que ce neveu c'était lui!
La princesse ne put réprimer un mouvement de
surprise, et peu après raconta charitablement

1. La petite fille et la fillette semblent avoir été charmantes
chez Sophie Arnould. Voici des vers que lui adressait Flins
des Oliviers, après un séjour en province où la petite fille de
dix ans était devenue une jeune fille :

> Vous n'aviez pas encor dix ans,
>   Lorsque je vous rendis les armes.
> Mon amour vous chercha dans un cercle d'enfants,
> Et vous a le premier averti de vos charmes.
> Mais j'ai quitté Paris, et tout change en six mois,
> Dans cet âge ingénu qui, fait pour la tendresse,
> Tient encore à l'enfance et touche à la jeunesse.
>
> . . . .
>
> Je vous revois charmante et parée à la fois
>   Par vos talents et vos années.
> Je regrette pourtant, malgré l'avis des sots,
> Ce silence animé qui valait des bons mots.
>
> . . . .

qu'un prince de sa maison, ayant voulu contracter
un mariage à l'âge de quatre-vingts ans, était
mort la nuit de ses noces. M. de Malézieux
s'écria qu'il fallait plaindre cet homme-là, et non
en rire. Le lendemain, comme Sophie assistait
à la toilette de Mme de Conti, la princesse lui
dit : « Épousez-le, s'il veut vous donner tout son
bien par contrat. S'il ne veut que vous donner
son nom, ne vous chargez pas de ses infirmités
et de son automne : il y a de l'égoïsme et de la
folie dans la passion de cet homme ! » Arriva
la lettre de cachet de Versailles. Mme de Conti
eut un instant l'idée de faire appeler M. de Malézieux dans son appartement et de le marier dans
sa chambre, Mme Arnould ne disait point non.
Sophie se mit à pleurer ; et le chevalier ne fut
pas appelé. M. de Malézieux comprit bien vite
que l'Opéra était un rival avec lequel il fallait
partager ; et ramenant Sophie dans sa voiture
après la soirée d'Orphée, il ne put s'empêcher
de lui dire d'une voix douloureuse et tendre :
« Vous êtes née pour ce royaume-ci ! » Cependant il se parait de plus belle, peignait ses sourcils, faisait sa barbe deux fois par jour, et tout à
coup apportait aux parents de Sophie un projet de
contrat de mariage, tout dressé, dans lequel il lui
attribuait ses 40.000 livres de rentes. M. Arnould
hésitait ; Mme Arnould faisait sonner à l'oreille
de sa fille le nom et l'argent de M. de Malézieux ;

Sophie boudait. M. de Malézieux imagina de la
convertir à son amour par des exemples tirés de
l'histoire. Mlle d'Aubigné, belle comme le jour
et jeune comme l'aurore, n'avait-elle pas épousé,
pour son esprit, le cul-de-jatte Scarron ? « Dès
demain, — riposta Sophie, — je fais un pareil
mariage, à condition que mon mari commencera
par être cul-de-jatte et finira par être roi ! »

VI

Sophie aimait.

Un fort joli jeune homme de façons parfaites,
tourné en grand seigneur, était venu louer un
appartement chez M. Arnould. Dorval — c'était
son nom, — dit, avec le plus grand air d'ingé-
nuité, arriver de sa province. Il donna sa bourse
à garder à M. Arnould : il chargea Mme Arnould
du soin de ses dentelles ; il s'abandonnait, jouait
le nouveau débarqué, faisait l'innocent à merveille, lisait régulièrement à ses hôtes toutes les
lettres qu'on recevait pour lui ; sa confiance
allait même jusqu'à leur communiquer ses réponses. Puis ce Dorval était un enfant gâté : il
lui venait à tout moment de jolis envois de
gibier, de beaux poissons, ou de fines truffes du
Périgord, ou des paniers de beurre de la Préva-
laye, ou des gélinottes du pays de Caux. L'hon-

nête Dorval priait Mme Arnould de faire accommoder cela, et venait en manger sa part, à la table de famille, à la droite de Mme Arnould qu'il comblait d'attentions. Un soir, après avoir joué, c'est-à-dire perdu, deux parties de trictrac avec M. Arnould, il prétexte une migraine insupportable et regagne sa chambre, où un valet, entré dans la maison au moyen d'une fausse clef, le vient avertir que tout est prêt. Sophie prend la main de Dorval ; ils descendent ; le carrosse de Dorval attendait au bout de la rue. Il roule. Sophie était enlevée.

L'aventure eut tout le retentissement qu'elle méritait. Ce fut pendant quelques jours un scandale régnant et absolu. Les nouvellistes en vécurent, le chevalier de Malézieux en mourut, M. Arnould en fit une rechute, et Paris des gorges chaudes. Tout passe, même le bruit que fait une fille en se sauvant sur la pointe des pieds du logis paternel. L'éclat apaisé, Dorval promettait à Sophie de faire savoir à ses parents le lieu de sa retraite. Et, deux jours après, il leur écrivait lui-même une lettre de soumission et d'excuses ; la lettre était signée : LOUIS, COMTE DE BRANCAS. En post-scriptum, le comte de Brancas promettait formellement à M. et Mme Arnould d'épouser leur fille s'il devenait veuf. Honte, douleurs, larmes, tout fut oublié dans le ménage qui voyait déjà Mme de Brancas sous terre, et leur

fille comtesse ; que dis-je ? duchesse, — le vieux
duc de Lauraguais décédé. Aussi la première entrevue de la mère et du ravisseur se passa-t-elle
fort bien. Mme Arnould arrivait les mains pleines
de pardon, et l'air soutenu de la dignité convenable à la belle-mère future d'un tel gendre ;
Sophie l'embrassa, et fut embrassée et par-
donnée.

La chaîne commençait comme les chaînes
commencent, nouée de fleurs. M. de Brancas
était toujours Dorval, Sophie était encore la
Sophie de l'hôtel de Lisieux. L'amour ne fit
jamais plus beau roman. Et que dire ? Les peuples heureux n'ont pas d'histoire : de pareils
couples, bien moins encore. A peine si Mme de
Brancas parvenait à mettre quelques nuages au
front de l'amant de Sophie. Pourtant elle était
une femme spirituelle, en excellente posture de
se venger, aimant M. de Brancas comme son
mari, sans passion et avec sang-froid, irrépro-
chable par-dessus cela, et fort digne de n'être
point trompée. C'était entre elle et Dorval une
guerre qu'elle faisait avec une malice exquise et
distraite, des allusions qu'elle laissait tomber,
des interrogations d'une courtoisie méprisante
et railleuse, des retraites soudaines en sa dignité,
des demi-mots et des sourires qui mettaient le
ridicule du côté du comte. Elle lui demandait,
d'un de ces tons légers qui n'appuient pas, des

nouvelles de « son actrice »; et l'autre, par dépit,
disait que dans le petit doigt d'une comédienne
il y avait plus d'esprit que dans tous les paniers
de qualité. « Mon perroquet aussi, — répondait
Mme de Brancas, — est un garçon bien spirituel
de mémoire; je veux un de ces jours lui apprendre à lire; il me répétera tout Regnard, tout
Molière et tout Dufresny. » Et la querelle s'é-
chauffant, M. de Brancas s'oubliait jusqu'à rompre
avec colère : « Ne vous y frottez pas; votre
rivale n'a pas besoin de vos livres pour être ce
qu'elle est : vous n'oseriez *grouiller* en sa présence; et des miettes échappées de sa table
on pourra faire un jour des livres pleins d'esprit[1]. »

Mais que ces ennuis, — ces remords peut-être,
— s'envolaient vite aux baisers de Sophie !

VII

Le geste formé par Mlle Clairon, la voix par
Mlle Fel, Sophie Arnould avait débuté le 15 décembre 1757. Elle avait débuté dans le divertis-
sement du ballet des Amours des Dieux par un
air détaché qui commence ainsi : « *Charmant
Amour...* » Depuis on lui avait souvent entendu

1. Ici s'arrêtent les mémoires inédits de Sophie Arnould.

dire que cette « invocation lui avait porté bonheur ». Ce début avait été un triomphe et,
devant la foule assiégeant l'Opéra, Fréron avait
pu dire : « Je doute que l'on se donne autant de
peine pour entrer en Paradis. »

Le *Mercure* n'est que le faible écho de l'en-
thousiasme du public, lorsqu'il s'exprime ainsi
sur la continuation des débuts de la chanteuse,
pendant l'année 1758 :

« Mlle Arnould continue son début dans les
Amours des Dieux avec le succès le plus grand et
le plus mérité. Elle attire la foule au point que le
jeudi est devenu le jour brillant de l'Opéra et
qu'il efface le vendredi. Le second air qu'elle
chante a mieux développé l'étendue de son talent.
Elle rassemble en elle les grâces de la figure, la
beauté de l'organe, la chaleur du sentiment. Elle
est pleine d'expression et d'âme. Sa voix est
mieux que tendre, elle est passionnée. Ses sons
animés portent la flamme dans le cœur le plus
froid. En un mot, elle a reçu tous les dons de la
nature, et, pour les perfectionner, elle reçoit tous
les secours de l'art. [1] »

Sur ce succès du jeudi, le *Mercure* disait en
février 1758 : « L'affluence que Mlle Arnould
attire constamment a rendu ce jour-là célèbre
(le jour ou l'on donnait les Amours des Dieux).

---

1. *Mercure*, janvier 1758.

Il devient, comme nous l'avons déjà dit, le flam-
beau de la semaine. »

En mars, le *Mercure* rendait ainsi compte de
la Provençale : « Mlle Arnould a chanté la *Provençale* avec les grâces ingénues de son âge.
Elle n'a dans ce rôle qu'un seul morceau de distinction. C'est le monologue (« Mer paisible... »)
où elle a mis toute l'expression qu'il demande.
La preuve du plaisir qu'elle y fait est l'affluence
qui l'a suivie jusqu'au Carême. »

Enfin, la même année, le *Mercure* célébrait
encore la nouvelle chanteuse dans ces deux
articles :

« Le rôle de Vénus qui est dans le 4e acte de
l'opéra d'*Énée et Lavinie*, a été chanté, le vendredi 15 avril, par Mlle Arnould. C'est son coup
d'essai dans la tragédie. Le public a vu avec
grand plaisir qu'elle n'y était pas déplacée. Aussi
lui a-t-on accordé des applaudissements aussi
sincères et en aussi grand nombre que ceux
qu'elle avait déjà obtenus dans l'ariette et dans
la pastorale. »

« Le mardi 13 avril (1758), Mlle Arnould a joué
pour la première fois le rôle de Lavinie. Son
succès a été complet. Le tragique paraît même
le genre qui lui convient le mieux. C'est du moins
celui où elle a paru dans le plus beau jour. Ses
gestes sont nobles sans fierté et expressifs sans
grimaces. Son jeu est vif et animé et ne sort

point de la belle nature. Cette excellente actrice
s'est déjà corrigée en partie d'une sorte de lenteur qu'elle mettait dans la scène, et qui ne peut.
tout au plus convenir qu'à l'ariette. Le mauvais
exemple l'avait séduite. Nous l'invitons à ne
s'écouter qu'elle-même, si elle veut approcher
de plus en plus de la perfection.

« Un si grand succès nous dispenserait presque
de dire que Mlle Arnould n'a plus quitté le rôle,
qu'elle a ramené le public à l'Opéra, enfin qu'elle
a embelli *Énée et Lavinie* d'une apparence de
nouveauté. »

Et encore en août le *Mercure* revenait sur ce
rôle de Lavinie : « Mlle Arnould l'a joué avec
cette intelligence, cette noblesse, ces grâces
naturelles et touchantes dont le public est enchanté. Il est heureux qu'elle ait risqué ce que
lui inspirait la nature, avant que d'être intimidée
par tous les petits préjugés de l'art. Modèle en
débutant, elle ranime la scène lyrique et semble
communiquer son âme à celles qui ont la mo-
destie et le talent de l'imiter. »

VIII

A quelque temps de là, Collé écrivait que
Sophie était devenue la reine de l'Opéra, et il
ajoutait : « Je n'ai point encore vu, dans la même

actrice, rassemblées à la fois plus de grâce, plus
de vérité de sentiment, de noblesse d'expression,
de belles études, d'intelligence et de chaleur; je
n'ai point encore vu de plus belles douleurs ;
toute sa physionomie les peint, en rend toute
l'horreur, sans que son visage perde le moindre
trait de sa beauté[1]. » Et tout aussitôt l'opinion
publique proclamait Sophie Arnould « l'actrice
la plus naturelle, la plus onctueuse, la plus
tendre qui ait encore paru ». Et Garrick déclarait
que la chanteuse de l'Opéra était la seule tragé-
dienne française qui parlât à ses yeux, à son cœur.

Oui, cette Sophie était une chanteuse nouvelle[2],
et bien digne des couronnes de myrte et de lauriers qu'elle partageait avec Clairon[3] et que lui

1. *Journal et Mémoires de Collé*, publiés par M. Honoré
Bonhomme. Didot, 1868, vol. II.

2. L'*Année littéraire* imprimait en 1760 : Mlle Arnould dans
le rôle de *Psyché* a ravi tous les spectateurs de plaisir et d'admiration. Quelle actrice, quelle âme, quel pathétique!

3. On connaît l'anecdote de la vente Randon de Boisset
relative à Sophie Arnould : « Le buste de Mlle Clairon ayant
été exposé, ces jours passés, à la vente du cabinet de feu
M. Randon de Boisset, Mlle Arnould en doubla la première
enchère : il n'y eut personne qui se permît d'enchérir sur elle,
et le buste lui fut adjugé. Toute l'assemblée applaudit à
différentes reprises. Un anonyme lui envoya sur-le-champ le
quatrain suivant :

> Lorsqu'en t'applaudissant, déesse de la scène,
> Tout Paris t'a cédé le buste de Clairon,
> Il a connu les droits d'une sœur d'Apollon
>   Sur un portrait de Melpomène.

Correspondance littéraire de Grimm (mars 1777).

disputaient si peu Fel qui n'était qu'une chanteuse d'ariettes, et la Chevalier jouant assez pas-
sablement la colère et la fierté, mais toujours
grimaçant l'amour.

Sophie renouvelait la déclamation lyrique par
l'accent de la passion. Elle apportait l'émotion à
l'harmonie, l'attendrissement au chant, le sentiment au jeu de la voix. Elle charmait les
oreilles et suspendait les cœurs. Elle avait tout
le domaine du drame tendre et toutes les grâces
de la terreur. Elle possédait le cri, et les larmes,
et le soupir et les caresses du pathétique. Elle
était une mélodie pénétrante et voilée, la plainte
ingénue des jeunes reines de la Fable qui se
débattent contre la mort, le murmure déchirant
des jeunes captives, le cantique du : « Je ne
veux pas mourir encore! »

Et cependant de quel faible instrument Sophie
Arnould tirait ces caresses et ces gémissements,
ces notes enchanteresses, ces élans, ces larmes
de la voix, qui jetaient des frissons dans tout le
public, cette diction suave et tragique, cette
mélopée de l'élégie! Quel art et quel génie pour
arracher tant d'harmonies, comme sans effort,
d'un organe mesquin, d'un gosier misérable!

Voici la définition que Sophie donne de sa
voix, dans ses mémoires autographes: *La nature
avait secondé ce goût* (le goût de la musique)
d'une voix assez agréable, faible, mais sonore,

*sans être cependant de la première force ; mais
elle était juste et timbrée, de sorte qu'avec belle
prononciation, et sans un autre vice qu'un petit
grasseyement qui n'était pas même un défaut, on
ne perdait rien de ce que je chantais dans les
vaisseaux les plus spacieux.*

Car cette voix de Sophie, ce n'était qu'un filet
de voix soutenu de pauvres poumons sans force,
sans étendue, sans ampleur.

« C'est le plus bel asthme que j'aie entendu
chanter, » disait Galiani de Sophie ; mais cela,
ce rien, cet asthme, écoutez-le : voilà, ô merveille ! la voix plaintive de Psyché entourée de la
foudre et de l'enfer ; cette voix, c'est la voix
d'Iphise ; cette voix, c'est la voix de Thélaïre ;
cette voix, c'est la voix amoureuse de la fille
d'Agamemnon cherchant des yeux Achille parmi
l'armée en fête ; la voix mourante d'Iphigénie,
traînée à l'autel et tendant la tête en implorant
les dieux ! Son âme a fait sa voix, et son visage
est le portrait de son âme.

Ce visage, La Tour nous l'a gardé vivant[1].
Ces grands sourcils doucement joints, l'éclair
de ces beaux yeux implorants, levés vers le ciel[2],

1. Ce portrait a été gravé par Bourgeois de La Richardière.
Il représente : SOPHIE ARNOULD, *Actrice de l'Académie royale
de Musique, dans le rôle de* ZYRPHÉ *du ballet de* ZÉLINDOR.

2. Dans des feuilles doubles des mémoires que je possède,
et qui contiennent des changements et des additions (papiers

la jolie souffrance de ce long et charmant ovale,
cette bouche entr'ouverte, et sur laquelle meurt
une dernière prière ou un dernier sourire, —
c'est, sur toute cette face de la chanteuse, comme
une douce agonie d'amour et de jeunesse.

IX

Après le portrait, la caricature. « MILORD. —
A vous dire vrai, celle-ci (Sophie) n'a rien de
merveilleux, une figure longue et maigre, une
vilaine bouche, des dents larges et déchaussées,
une peau noire et huileuse. Je ne lui vois que
deux beaux yeux[1]. » Et malheureusement la
caricature ressemble au portrait tracé par l'inspecteur de police du Journal de Sartines : « Je
l'ai vue (Sophie Arnould) au sortir de son lit,
elle a la peau extrêmement noire et sèche, et a

appartenant à M. A.-J. Doucet), Sophie, faisant son portrait
d'elle-même, dit :

« Pour ce qui est de ma taille, je dois dire avec sincérité
qu'elle est petite, mais svelte et régulière. La charpente en
est gracieuse et tous les mouvements aisés. J'ai la jambe bien
faite, le pied joli, le bras, la main comme les modèles. L'œil
bien taillé, la physionomie ouverte, attrayante, spirituelle. »

1. *L'Espion anglais*, Collin, 1809, vol. I, et dans le *Vol plus
haut ou l'Espion des principaux théâtres de la capitale*, qui
a répété textuellement la citation. — Deville dit : « Elle con-
serva dans ses dernières années tout le feu de ses beaux yeux,
au point qu'on pouvait y lire toute son histoire... » *Arnoldiana*.

toujours la bouche pleine de salive, ce qui fait
qu'en vous parlant elle vous envoie la crème de
son discours au visage[1]. »

X

« Cejourd'hui, mardi 13 novembre 1759, cinq
heures de relevée, en l'hôtel et par devant nous
Pierre Thiérion, est comparu sieur Jean-Baptiste
Delamarre, huissier au Châtelet de Paris, y
demeurant, rue aux Ours, paroisse St-Leu et
St-Gilles, au nom et comme porteur de pièces
pour le sieur Jean-Baptiste Desper, maître perruquier à Paris, principal locataire de la maison
à Paris, lequel nous a représenté la grosse d'un
bail à loyer, passé devant maître Dubois qui en
a minute, et son confrère, notaires à Paris, du
16 novembre 1758, fait par le dit sieur Desper,
à la demoiselle Madeleine-Sophie Arnould, fille
usante et jouissante de ses droits pour trois, six
ou neuf années d'un premier appartement de la
dite maison, moyennant deux mille quatre cents
livres par année, et une ordonnance de M. le
lieutenant civil, signée Lenoir, rendue sur ré-
féré... Attendu le défaut de payement de deux
mille quatre cents livres par la dite demoiselle

1. *Journal des inspecteurs de M. de Sartines*, Dentu, 1863.

Arnould au dit sieur Desper pour une année de
loyer du dit appartement, permission de continuer la saisie *encommensée* de la dite demoiselle
Arnould, et qu'à cet effet elle sera tenue de faire
ouverture de ses portes, coffres, commodes,
armoires, sinon qu'ils seront ouverts par un
serrurier, en présence de deux voisins et de nous
commissaire du quartier... Sur quoi nous commissaire susdit... sommes à l'instant avec le
sieur Delamarre et ses assistants, transporté
susdite rue Richelieu en la susdite maison, où
étant monté au premier étage, le dit sieur Delamarre, après avoir observé les formalités pres-
crites par l'ordonnance, et une domestique ayant
fait ouverture de la porte de l'appartement...
avons procédé à la continuation de la saisie-
exécution encommencée. Et après que le dit
sieur Delamarre n'a plus rien trouvé à saisir, il
a laissé tous les meubles saisis et exécutés, en
la garde et possession de M. Chevalier, marchand
fruitier demeurant rue Traversière, paroisse
Saint-Roch... [1] »

Cette saisie de mobilier, à l'heure du sentiment
le plus ardent de Dorval pour Sophie, est une
preuve que l'amour ne faisait pas faire à l'amoureux de si immenses sacrifices pour son adorée.

1. *L'Académie Royale de Musique au XVIIIe siècle*, par
M. Champardon; Berger-Levrault, 1884, vol. I.

Il faut avoir une certaine défiance des *Mémoires de la République des lettres* déclarant que Sophie Arnould, au moment de la rupture des deux amants, coûtait cent mille livres à Lauraguais. Et je crois bien plutôt la chanteuse, représentée en son vrai caractère dans la conversation que Diderot rapporte avec la présidente Portail.

— Mais, Mademoiselle, vous n'avez pas de diamants?

— Non, Madame, et je ne vois pas qu'ils soient fort essentiels à une petite bourgeoise de la rue du Four.

— Vous avez donc des rentes?

— Des rentes ! et pourquoi, Madame? M. de Lauraguais a une femme, des enfants, un état à soutenir, et je ne vois pas que je puisse honnêtement accepter la moindre portion d'une fortune qui appartient à d'autres plus légitimement qu'à moi.

— Oh ! par ma foi, pour moi je le quitterais.

— Cela se peut, mais il a du goût pour moi, j'en ai pour lui. Ça peut être une imprudence que de le prendre, mais puisque je l'ai fait, je le garderai[1].

1. *Mémoires, Correspondance de Diderot*; Paulin, 1830, t. II. Diderot rédige cette conversation d'après un récit de l'abbé Raynal.

XI

Sophie Arnould disait à ses amis aux derniers jours de sa vie : « M. de Lauraguais m'a donné deux millions de baisers, et m'a fait verser plus de quatre millions de larmes. »

M. de Lauraguais était un fou d'infiniment d'esprit, avec une incurable jeunesse de caractère, un grand désordre et une grande audace de tête, plein de coups de vent et de caprices, excessif d'un bout à l'autre, à l'étroit dans sa vie, précipitant son activité de mille côtés, variable, montant et descendant de goûts en goûts, changeant d'idées comme d'humeurs, bouillant, brouillé, sans but et tiraillé de vouloirs, une cervelle à la dérive, sautant d'études en études, accrochant les paradoxes, volant de la science à la politique, et de la chimie à la poésie, remuant le rien et la foudre, touchant au droit public, à la porcelaine, à la tragédie, à l'inoculation, à l'éther, à la Compagnie des Indes, aux banquettes de la Comédie-Française, se cognant à Darcet et à Morellet, à Voltaire et à Omer de Fleury ! une sorte de grand homme manqué et dévoré d'inconstance, en qui s'agitait, mal à l'aise, une âme d'un autre temps logée dans un esprit du xviiiᵉ siècle.

Imaginez ce que pouvait être l'amour chez un
pareil homme[1] : le soleil dans une giboulée ! les
adorations à mains jointes et, tout à côté, des
froideurs, des querelles, des insultes, des menaces ; un bonheur ballotté de jour en jour, d'instant en instant ; des prières, des oublis, des
pardons scellés d'embrassades, où tout à coup
éclataient les irritations et les ennuis du comte,
pris entre l'opinion publique et sa maîtresse,
entre un mariage auquel il manquait l'amour
et un ménage auquel il manquait le contrat ;
puis, après les pleurs, un nouveau rire, et le
livre de leurs amours repris aux plus belles
pages ; des gronderies encore, des mots empoi-
sonnés, des fureurs, toutes les jalousies de
l'Orient, — à Paris ! en ce siècle ! — des bruta-
lités jusqu'à battre et à mordre ; des intermit-
tences de cœur, des indifférences, des dédains,
des ravissements des yeux, de la tête et des sens :

1. Le *Chansonnier historique* (recueil Maurepas-Clairam-
bault), en 1758, au commencement des amours du comte de
Lauraguais avec Sophie, prête au comte cette épître follement
amoureuse, épître portant le titre : *Adieu à la guerre*, et dans
laquelle le gentilhomme, glorieusement blessé au combat
de Crevelt, disait abandonner la carrière des armes :

> Apollon peut rayer mon nom de son grimoire.
>   Non, les neuf filles de mémoire
> Ami, n'en valent pas une de l'Opéra.
> Aux hommes comme nous, on n'en fait point accroire,
>   J'abandonne Mars pour l'Amour :
> Entre les bras d'Arnould j'aime mieux vivre un jour
>   Que mille et mille ans dans l'histoire.

par des rivales entrevues dans un succès tout
neuf; des bouderies, des gronderies, des retours,
des contritions qui promettaient l'éternité au
présent, des tendresses à lasser le plaisir, et au
bout des tendresses, des scènes à casser les
vitres, si bien que la crainte finit par avoir
raison de l'amour de Sophie.

XII

Il arriva qu'un beau matin de l'année 1761,
M. de Lauraguais, ayant commis une Électre,
alla porter sa tragédie à Ferney. Aussitôt Sophie
de mettre dans un carrosse les bijoux reçus de
M. Lauraguais, les deux enfants dont il l'avait
honorée, et fouette, cocher! carrosse, bijoux et
enfants rendus à l'hôtel Lauraguais, Sophie res-
pire, délivrée [1]. Lauraguais revint; Sophie s'était

1. *Mémoires secrets de la République des lettres*, vol. I,
Voici la prétendue lettre envoyée, avec ses enfants, au comte
par Sophie :

Monsieur mon cher ami,

*Vous avez fait une fort belle tragédie, qui est si belle que
je n'y comprends rien, non plus qu'à votre procédé. Vous êtes
parti pour Genève, afin de recevoir une couronne de lauriers
du Parnasse, de la main de M. de Voltaire, mais vous m'avez
laissée seule et abandonnée à moi-même; j'use de ma liberté,
cette liberté si précieuse aux philosophes, pour me passer de
vous. Ne le trouvez pas mauvais, je suis lasse de vivre avec
un fou qui a disséqué son cocher et qui a voulu être mon*

mise sous la protection de M. de Saint-Floren-
tin. Lauraguais pesta, jura, éclata en malé-
dictions, et finit par une vengeance de gentilhomme : l'envoi à Sophie d'un contrat de deux
mille écus de rente viagère, dans lequel Mme de
Lauraguais — c'est bien peu probable, — avait
eu la générosité d'entrer, au nom de son admiration pour le talent de la chanteuse.

Sophie était passée des tournements de l'amour
au calme d'une liaison d'intérêt, des violences
de Lauraguais aux tendresses tranquilles d'un
homme d'argent fort honnête et fort sensible,
M. Bertin, qu'elle cherchait à consoler des infidélités de Mlle Hus. Les choses s'étaient passées
avec l'étiquette et la noble cérémonie qu'on
mettait à ces choses en ce temps. M. Bertin avait
fait des démarches convenantes auprès de son
prédécesseur. Sophie avait reçu les magnifiques
épingles que de tels marchés rapportaient alors[1];
le divorce avec Lauraguais était promulgué dans
le foyer de l'Opéra.

*accoucheur dans l'intention de me disséquer moi-même. Per-
mettez donc que je me mette à l'abri de votre bistouri ency-
clopédique.*

1. M. Bertin aurait payé les dettes de Sophie, marié une de
sœurs, et fait des dépenses évaluées à 20.000 écus.

XIII

Le 30 janvier 1762, M. Bertin, qui avait commencé à aller *à petit bruit* chez Mlle Arnould, et dont Paris ne soupçonnait guère la liaison avec l'actrice que par la commande d'un certain carrosse chez Antechrist, le célèbre sellier, ce 30 janvier 1762, le trésorier des parties casuelles avouait officiellement Sophie Arnould pour sa maîtresse en donnant à souper chez elle à MM. Begon et de Villemur. Mais le financier, déjà si malheureux en amour, ne parvenait pas à remplir ce cœur qui avait appartenu un moment tout entier au brillant Dorval, à Lauraguais. Et presque aussitôt M. Bertin était trompé par M. de Monville, grand maître des Eaux et Forêts, qui était trompé par bien d'autres[1].

Sophie eut même, en ces années, ainsi que

1. Et les passades de Sophie continuaient les années suivantes. Dans les *Souvenirs et Mélanges de L. de Rochefort*, Paris (1825), un livre rare, qui le premier dans ce siècle donna des extraits des rapports galants de police, on trouve à la date du 30 mars 1764 : « La D[lle] Arnould, de l'Opéra, en attendant qu'elle puisse goûter tranquillement les fruits de sa prétendue passion pour M. de Lauraguais, s'exerce tant qu'elle peut, et elle profite bien des ménagements que ce seigneur est aujourd'hui forcé de garder avec sa famille. Le prince de Conti en use quelquefois et M. de Chamborand, colonel d'un régiment de hussards, est chargé de la tenir en haleine ; certainement elle ne pouvait mieux s'adresser, car il a bien l'air d'un payeur d'arrérages. »

les femmes de théâtre en ont de temps en temps,
un coup de cœur pour un inférieur, pour un
moucheur de chandelles, — pour un coiffeur.
Tout à coup, on vit l'illustre chanteuse se promener en tenue bourgeoise, en petite robe, et
en compagnie des siens, avec son *friseur*, le
sieur Lacroix, devenu *l'ami de cœur* et *le monsieur*. Un moment le bruit de Paris fut que
l'actrice allait se marier avec cet amant infime,
et le ministre, dans une audience, plaisantait
spirituellement la chanteuse de son goût [1].

XIV

Mais en même temps que dans Paris on avait
appris la rupture de Sophie avec Lauraguais et
sa liaison avec M. Bertin, entremêlée, à quelques
mois de là, de passades avec M. de Monville. le
prince de Conti et son *friseur*, la nouvelle s'était
également répandue de la réconciliation des deux
anciens amants et de la reprise de leurs jeunes
amours. Et M. Bertin — au dire des chroni-
queurs, — désintéressé et remboursé de tous ses
frais par Lauraguais, les deux amants s'étaient
retrouvés et recommençaient, de gaieté de cœur,
leur ménage d'enfer, leurs brouilles, leurs infi-

1. *Journal des Inspecteurs de M. de Sartines.* 1863 (années
1761, 1762, 1763).

délités, leurs raccommodements trempés de
larmes. Les batailles et les disputes furent plus
vives que jamais, les reproches plus envenimés,
les jalousies plus injurieuses, les inquiétudes
plus calomnieuses. Jusqu'où les accusations et
les justifications allèrent entre eux, un très curieux certificat du médecin Morand, autrefois
possédé par M. Boutron, nous le montre crû-
ment. Voici ce certificat :

« Je certifie avoir visité Mlle Arnould avec la
plus grande exactitude et ne lui avoir trouvé
nulle marque ni simptome (*sic*) de maladie véné-
rienne d'aucune espèce. A Paris, ce dix décembre mil sept cent soixante-deux. »

« Morand. »

Du reste, pendant le XVIIIe siècle, hommes et
femmes du monde galant se jettent fréquemment
ces sortes d'accusations à la tête, et cette pauvre
Sophie est vraiment un peu souvent sous le coup
d'accusations semblables. A deux mois du certificat donné par le chirurgien Morand, en février 1763, un rapport d'un inspecteur de M. de
Sartines dit : « M. le duc de Fronsac, las apparemment de faire des soupers journellement en
petite maison avec des filles de débauche, s'est
emparé totalement de la demoiselle Dubois de la
Comédie-Française. C'est lui, lorsque cette
demoiselle a débuté dans le monde, qui lui a fait

connaître le premier la route de Cythère. Il ne
néglige pas pour cela la demoiselle Arnould; mais, ce qu'il y a de fort singulier, c'est que l'une
de ces deux demoiselles est pourvue d'une très
bonne galanterie. Le fait n'est pas encore bien
éclairci, mais on désirerait que ce fût la demoiselle Arnould qui en fût la distributrice. On
espère l'ordinaire prochain en être pleinement
instruit[1]. »

Plus tard Sophie, ou plutôt *Polybé*, ainsi qu'elle
aime à s'appeler, du nom idyllique que lui a donné
le poète Gilbert, est encore accusée, au dire de
Metra, d'avoir gratifié le comte d'une galanterie.
Et vraiment le couple amoureux de Sophie et de
Dorval n'a pas de chance, car, presque au même
moment, en ses nouvelles amours avec Mlle Heinel, Lauraguais ne sera-t-il pas appelé le prince
de Galles, à cause d'une maladie de peau qu'il
aurait attrapée avec la fille d'Opéra[2].

XV

Pareils à ces amis qui emploient le temps
qu'ils se voient à faire battre leurs humeurs
l'une contre l'autre, cet homme et cette femme,

1. *Journal des Inspecteurs de M. de Sartines.*
2. *Correspondance secrète,* vol. VIII.

cette paire de cerveaux et de cœurs brûlés, ne
s'aimaient jamais mieux que de loin. Les sépa-
rations, l'absence, renouaient leur chaîne. Que
M. de Lauraguais fasse, avec sa lettre sur l'Inoculation, refermer sur lui les portes de la cita-
delle de Metz, — voilà Sophie, tout en traitant
fort humainement MM. de Monville et de Bougainville, voilà Sophie, enflammée par cette disgrâce et cet éloignement, la plus dévouée des
amantes, la plus infatigable suppliante; et ce
que les sollicitations de la haute et puissante
famille du duc, de sa femme, n'avaient pu em-
porter, voyez-le ravir par cette comédienne qui,
dans l'émotion d'un public de cour charmé
et entraîné, va, le costume d'Isménie encore
sur le dos, se jeter aux pieds du duc de Choiseul,
et lui arrache, d'un regard où elle a mis son
âme, cette grâce refusée[1]!

Et croyez que tout n'était pas misère dans le
tête-à-tête de Sophie et de Lauraguais. Il y avait

---

1. *Arnoldiana.* — Une note de Millin dit : « M. Deville a été
mal informé. Après la représentation de Dardanus, M. de
Choiseul entra dans la loge de Mlle Arnould, la complimenta
et l'assura qu'elle avait fait le plus grand plaisir au Roi : Eh
bien, reprit-elle, dites à Sa Majesté que, si elle est contente
d'Isménie, elle lui rende Dardanus! » M. de Lauraguais fut
libre quelques jours après. — Un volume manuscrit de nouvelles à la main de la bibliothèque Mazarine dit : « M. le comte
de Lauraguais a cru devoir rendre hommage de sa liberté à
son auteur, en lui donnant les premiers jours de son retour.
Pour ne pas troubler ses plaisirs, la comtesse de Lauraguais
s'est retirée dans un couvent. »

des trêves aussi belles qu'une paix, des instants bénis où les souvenirs refleurissaient après l'amertume de toutes ces méchantes colères qui fatiguent l'amour, mais ne le tuent pas. Les femmes gardent toujours une grande reconnaissance aux aventures qui les ont émues, aux liaisons qui les jettent hors d'elles-mêmes, aux romans, même les plus cher payés, qui occupent et tourmentent leur vie. Elles sont sans pitié, disons pis : sans mémoire, pour ces amours raisonnables et mûris qui vivent à côté d'elles, sans violer leur imagination, sans brusquer leurs larmes et leurs rires, sans les emplir et sans les transporter. Aussi écoutez la vieille amoureuse, — tout cela est bien loin ! Appuyée au bras de Rulhière, elle se retourne vers sa jeunesse, vers ces années de tempête : « Ah ! — dit Sophie avec un sourire et une larme dans la voix, — c'était le bon temps ! j'étais bien malheureuse ! »

Puis, au delà des angles du caractère, des hostilités de tempérament et de nature, au delà de la rivalité d'inconstance et de mobilité, il y avait entre ces deux êtres un lien caché, ignoré d'eux-mêmes, peut-être ; mais un lien que les folies de leur cœur ne pouvaient rompre. Ce lien moral était l'esprit. L'esprit! c'était leur bon ménage, et la plus grande raison de leur ménage ! leur réconciliation journalière, l'anneau de noces de

leur amour, — et ce qui leur resta de l'amour
quand l'amour ne fut plus de leur âge.

XVI

Comment le saisir et le dire, cet esprit de
Sophie Arnould? Il était impromptu, courant,
volant : — une envolée de guêpes! Il était une
pensée, un mot, un éclair. Il était l'esprit de
Paris, de la Comédie, d'une femme et d'une
fille[1] foulant aux pieds les étiquettes de la parole,
à l'aise partout et avec tous, et soumettant les

---

1. « J'ai dit plus haut que Mlle Arnould était reçue partout
parce qu'elle se mettait au niveau de son état et ne voulait
être qu'une actrice et, comme on disait alors, une *fille d'Opéra*.
Je me souviens d'avoir été chez elle à un brillant souper, où
étaient le prince d'Hénin, le prince de Ligne, le vicomte de
Ségur, enfin tous les agréables de la cour, les filles les plus
célèbres : Duthé, Carline, Dervieux, Thevenin; puis Chamfort, Barthe, Rulhière, etc. Ces demoiselles faisaient les dames :
on eût dit que c'étaient des princesses. Mlle Arnould, d'une
voix ferme, en parlant d'une chose qui convenait à des femmes
de qualité ajouta : « Mais pour nous, Mesdames, nous
« sommes des p..... cela est différent. » Il aurait fallu les
voir mettre le nez dans les serviettes, en s'écriant qu'elle était
trop mauvaise compagnie. Elle savait pourtant bien aussi
établir la différence entre elle et ces dames. Ce soir même,
on dansa après le souper. Mlle Thevenin, que Sophie avait
surnommée l'*Œil de bœuf*, à cause de ses yeux ronds, et qui
était figurante à l'Opéra, se mit à rire de la manière de dan-
ser de Mlle Arnould : « Vous trouvez que je danse mal, lui
« dit Sophie, songez que mes parents m'ont donné des
« talents, mais ils ne m'ont pas appris le métier! » (Note de
l'*Arnoldiana* annoté par Millin.)

plus nobles oreilles au langage familier de la
nature sans toilette. Il était une massue et une
malice. Il enfermait une larme dans un lazzi,
une idée dans un calembour, un homme dans
un ridicule. Du sublime de la gaminerie, il
allait à l'exquis du goût, du gros sel à l'ironie
divine, de l'Opéra à Athènes. Jamais au monde
si merveilleuse machine à mots que cette
Sophie ! et si bien dotée et si bien armée ! Elle-
même comparait sa tête à un miroir à facettes[1].
Que d'étincelles et de flammes ! Quelle soudai-
neté ! et que d'éclaboussures sur tout son temps !

1. Sophie, après avoir cherché à donner une idée de la
rapidité de sa conception et avoir comparé son esprit à un
miroir à facettes qui lui fait voir instantanément un être,
une chose ou un mot sous tous les jours possibles, racontait
sur elle-même cette anecdote :

« Cette facilité de mon esprit me fit longtemps rechercher
dans le monde, mais, comme toutes mes épigrammes ne se bor-
naient pas à être facétieuses ou divertissantes, il m'arrivait
quelquefois de lancer des traits plus aigus. J'eus lieu de
m'apercevoir que ma fécondité me rendait redoutée ou redou-
table. Je me mourais d'envie de voir le Roi et d'en être au
moins remarquée. Un grand seigneur me conduisit à Versailles et, dans le salon du Grand Couvert, me plaça vis-à-vis
de Sa Majesté. Le Roi, qui ne m'avait pas encore aperçue,
me reconnut au moment où il portait son verre à sa bouche,
Je dis à mi-voix cette parole inconsidérée : « Le Roi boit ! ».
Louis XV, qui se connaissoit mieux que personne, crut que
de ma part cette parole était une épigramme contre lui, et se
troubla visiblement, au point que tout le monde s'en aper-
çut. Un léger signe de sa main indiqua ma retraite. On est
trop malheureux avec trop d'esprit. » (Morceaux détachés du
supplément aux Mémoires de Sophie Arnould de la collection
de M. A.-J. Doucet.)

tant de phrases, tant de mots bondis de sa
bouche, gardés par l'anecdote comme la chanson,
l'écho et le testament libre du xviii° siècle ! des
définitions de choses indéfinies qui ressem-
blaient à un coup de feu sur un revenant ; des
soufflets du bout des doigts, des vengeances du
bout des dents, des attaques et des ripostes, un
génie comique, une compréhension, une imagination, une verve argent comptant ; une vision
simultanée de l'intention, du sens, et de l'orthographe des paroles ; des bonnes fortunes de
termes, des mariages d'inclination de mots, des
saillies et des épigrammes qui s'échappaient de
ses lèvres, sur l'aile de la plus jolie voix du
monde ; des jeux de langue où le hasard avait
l'esprit du pamphlet ; des railleries qui saluaient
une illusion avant de la tuer ; des exécutions
d'amour-propre en une seconde, le fouet de
Beaumarchais cinglant et battant dos, visages
et masques ; des mystifications pleines de grâces ;
des parades à jouer sur un théâtre de la comédie
humaine ; des caricatures morales ; des silhouettes
à l'emporte-pièce ; des portraits indiscrets de
ressemblance comme l'ombre des gens ; et Dieu,
et le diable, et du La Rochefoucauld déboutonné,
et de l'Aristophane au vin de Champagne, et des
polissonneries oubliées sur terre par Piron, et des
satires d'une ligne, et des épitaphes dont les vivants ne revenaient pas, et des épithètes mor-

telles, et des riens qui sont devenus des maximes,
et des maximes qui sont devenues des proverbes !
et des baptêmes d'idées qui ne sont plus à refaire,
et des paroles qui ont fait l'esprit de bien des
sots et la fortune de bien des causeurs ; et des
drôleries à la pointe du mot, qui enlevaient le
rire : notre jolie langue de finesse et de sous-enten-
dus maniée dans le meilleur de ses délicatesses ;
un tribunal enfin, l'esprit de Sophie ! le petit
journal du temps, le compte-rendu malin de l'opinion publique, le censeur, et la terreur, et le
lutin enjoué des hommes et des choses, des coulisses et des ministères, des systèmes et des
événements, des modes et des soleils levants !...
Et voltigeant à travers tout cela, comme une sagesse légère, comme une charité galante, la philosophie d'Épicure et de Ninon ; — et, tempérant
la veine outrée, cette distinction de naissance,
d'éducation et de monde que les filles possédaient
alors.

Est-il besoin de répéter la réponse qu'elle a
faite la première à un : « L'esprit court les rues. »
— « C'est un bruit que les sots font courir[1] ! »
et le mot sur la tabatière qui portait d'un côté
Sully et de l'autre Choiseul : « Oui, c'est la
Recette et la Dépense ! » ou bien le mot sur la

1. Voyez pour les mots de Sophie l'*Arnoldiana* (par Deville).
Paris, 1813.

lèpre de La Harpe : « C'est tout ce qu'il a des anciens ! » En voulez-vous un autre d'une méchanceté plus polie, plus raffinée, plus française ? Bernard composait son *Art d'aimer* sous un chêne : « Je m'entretiens avec moi-même, — dit le poète au salut de Sophie. — Prenez garde, vous causez avec un flatteur ! » Et encore, dans ce même ordre de phrases bien nées, dans la gamme délicieuse des câlineries du cœur, quoi de plus charmant que ce reproche fait à Helvétius qui lui envoyait un cadeau, et ne lui en parlait pas : « Est-ce que vous voulez perdre ce que vous m'avez donné[1] ? »

XVII

Elle règne donc, et de toutes les façons. Restif de La Bretonne, dans la *Paysanne pervertie*, ne s'écrie-t-il pas à propos de la séduisante chanteuse : « Arnould, qui ne t'a pas adorée n'avait ni âme ni sensibilité, il n'avait

---

1. C'était du temps que le philosophe Helvétius était beau danseur et coureur de coulisses, et qu'au nombre de ses conquêtes d'Opéra il compta Sophie Arnould. Et, chose curieuse, quand il se maria, le sentiment de la chanteuse pour l'homme aimé sembla se reporter sur le ménage. Millin, dans une note manuscrite de son *Arnoldiana*, dit: « Sophie, tant que Mᵐᵉ Helvétius a vécu, n'a jamais passé quinze jours sans la voir, et elle en était toujours bien reçue. »

rien d'homme : c'était une huître à figure
humaine. » Elle a la mode et la popularité ;
chacun des petits actes intimes de son existence
occupe Paris et l'Europe. Et, quand elle fait soigner un petit chien qu'elle aime, non par Lion-
nois le vétérinaire à la mode, mais bien par le
très illustre Mesmer, forcé de magnétiser le *tou-*
tou, — et qu'il meurt, le petit chien adoré ! aussitôt ce couplet court la capitale :

> Le magnétisme est aux abois ;
> La Faculté, l'Académie
> L'ont condamné tout d'une voix,
> Et même couvert d'infamie.
> Après ce jugement bien sage et bien légal.
> Si quelque esprit original.
> Persiste encor dans son délire,
> Il sera permis de lui dire :
> Crois au magnétisme... animal !

couplet qui, avec le mot spirituel de Sophie[1],
manque de tuer la faveur et la fortune du magnétiseur.

On se la dispute, on se l'arrache ; et dans ce
dîner connu sous le nom de *la Dominicale*, dans
ce dîner où se réunissent tous les dimanches,
chez le célèbre chirurgien Louis, les membres
de la seconde société du *Caveau* dispersé, en ce

---

1. Le chien étant mort, après un certificat de guérison
délivré par l'actrice au magnétiseur, elle dit : « Au moins, je
n'ai rien à me reprocher ; le pauvre animal est mort en parfaite santé ! »

cénacle de la chanson, au milieu de Vadé, de
Crébillon fils, de Barré, de Coqueley de Chaus-
sepierre, il n'y a qu'une femme d'admise, il n'y
a que Sophie Arnould, qui est bientôt l'idole de
la société, de la société ayant dérogé, pour
la jolie et intelligente chanteuse de couplets
et petits vers, à la règle que s'étaient faite
toutes les sociétés chansonnières d'exclure les
femmes[1].

Donc elle vit dans le tapage de la gloire, partageant le public, les oreilles, les yeux et les
cœurs. Et la curiosité de l'étranger vient vers
elle comme en députation. Et elle a une cour,
un petit coucher de son esprit, de sa jeunesse,
de sa grâce. Et elle fait à ses caprices verser l'or
des deux mains, et elle marche dans les adulations de sa vie, l'orgueil las de couronnes.

Elle ordonne enfin de la vogue et du goût, et
voulant bien descendre à l'amitié d'illustres
dames de la cour, si elle vient d'envoyer à une
Mme d'Hunolstein, qui s'est engouée d'elle, un
chapeau à l'Iphigénie : « Qu'est-ce qui marche
aujourd'hui ? » dit-elle, partageant son interro-
gation entre le prince d'Hénin et son coiffeur[2].

L'amour même allait l'abandonner à la fortune. Ce furent les jambes d'une nouvelle dan-

1. *Œuvres choisies de Laujon*. Paris, Léopold Collin, 1811
2. *Correspondance secrète*, vol. I.

seuse, d'une certaine Mlle Robbé, qui acheminèrent Dorval de l'amour à l'amitié. Une élève de l'Épy, une débarquée de Stuttgard, noble, majestueuse, sévère en sa danse, grande de corps, presque colossale, Vestris en Vénus, Mlle Heinel, acheva la délivrance des deux amants[1].

Une délivrance, oui! mais dont Sophie semble avoir gardé un certain dépit, et plus tard, bien plus tard, lorsqu'il n'y aura plus guère que de l'amitié entre les deux anciens amants, dans son rôle de correspondante, de *gazetière* des théâtres, elle restera mauvaise à la femme qui lui a enlevé son Dorval. Qu'on lise cette lettre :

« Ce jeudi, 2 mars 1769.

« *Vous m'avez donc oubliée totalement, cher comte, car je n'ai reçu aucune nouvelle de vous depuis votre départ, et cependant je vous ai déjà adressé un griffonnage de la pauvre Sophie, tel que vous m'en aviez demandé avant votre départ;*

---

1. Voici le spirituel et littéraire portrait qu'en fait Walpole : « Il y a une autre danseuse plus agréable, que M. Hobart va transplanter à Londres; c'est une Flamande qui se nomme Mlle Heinel; elle est grande, merveilleusement faite et fort belle; elle a une série d'attitudes copiées sur l'antique; elle se meut avec la lenteur gracieuse de Pygmalion, quand elle vient à la vie, et elle fait des ronds de jambe aussi imperceptibles que si elle dansait dans le zodiaque, mais ce n'est pas la Vierge. »

*j'espérais qu'il me vaudrait au moins une petite
réponse dans laquelle vous voudriez bien m'apprendre des nouvelles de votre santé!... Car c'est
à quoi je m'intéresserai toujours; quant aux autres
elles eussent peut-être été fort au-dessus de ma
portée, car franchement je suis mauvaise politique et entends fort mal toute espèce d'affaires.
De nouvelles, quant à celles du genre que vous
m'avez demandées, Paris en a été fort stérile.
Il n'y a eu de toutes nos dames que Mlle Heinel
qui ait fait un peu parler d'elle depuis quelque
temps. Par le choix qu'elle a fait d'un nouvel
amant, — les choses ont été faites avec un tel secret
que l'on ignore jusqu'au nom de cet amant, — l'on
en nomme trois ou quatre, sans savoir positi-
vement lequel est l'amphitryon. Les uns disent
M. le prince de Conty, les autres le duc de Condé,
les autres M. d'Estinville, les autres Randon
d'Amécourt, parent des Randon de Boisset : en
un mot, c'est un chaos d'amants que l'on ne
peut parvenir à débrouiller. L'on commence
pourtant à s'assurer que ce n'est ni l'un ni l'autre
des deux derniers que j'ai nommés ci-dessus; et
l'on est en suspens sur lequel des deux premiers;
pour moi je parierais pour le Conty... qui, je
crois, a fait les choses bien magnifiquement, car
il a, dit-on, donné cent mille francs d'argent
comptant, une maison de cent trente-cinq achetée
pour elle, rue de Richelieu sur le Palais-Royal,*

*et des meubles à l'avenant, un carrosse et des
chevaux superbes. Il faut croire que le fol (tel
qu'il soit) a payé pour tout le monde, et si c'est
M. le prince de Conty, je la crois obligée d'avoir
c.. ouvert une fois par semaine, à l'imitation de
son magnifique amant qui a maison ouverte tous
les lundis ; cela ne l'empêche pas d'avoir toujours
sa loge à toutes ses belles à c.., duquel j'ai l'honneur d'être quelquefois du nombre, et je puis vous
assurer que son ordre de baiser n'en est pas plus
diminué, les unes ont le front, les autres les
yeux, les autres le col ; quant à moi, j'ai toujours
mon petit bout de menton[1], et m'en tiendrai longtemps, je crois, à cette partie ; vous ne me conseil-
lerez pas, je crois, de descendre plus bas. Trêve de
plaisanteries que je ne me permettrais qu'avec*

---

[1]. Des contemporains attribuent la paternité d'un enfant
de Sophie Arnould au prince de Conti, à ce prince auquel on
connut 60 maîtresses déclarées, sans compter le menu et
les *imperceptibles*. Cette lettre, ainsi que ce passage des
morceaux détachés des Mémoires de la chanteuse, peuvent
en faire douter : « Le prince eut un moment l'intention de se
livrer à moi. Mais il m'aurait voulue toute à lui, sans nulle
distraction ni réserve. Je n'ai jamais eu de goût pour les
grandeurs exagérées et je suis de l'avis de ce philosophe qui
disait que le bonheur ne se plaît et ne se trouve que dans la
modération. Le prince m'honora toujours de son regard charmant, de ses cadeaux remplis de goût, et du soin qu'il mettait à faire valoir soit mes succès, soit mes paroles. » (Morceaux détachés ou supplément à la portion des Mémoires de
Mlle Arnould écrits par elle-même. — Feuilles détachées
manuscrites faisant partie de l'édition préparée. Collection de
M. Doucet).

*vous, parce que je suis sûre qu'elles seront ense-
velies ainsi que toutes mes bêtises; et que vous
voudrez bien me garder le secret le plus invio-
lable sur l'un et sur l'autre. Que vous dirais-je
après cette longue lettre, vous savez que toutes
le font, toutes l'ont grand, et selon la bernique,
elles ont de la pratique*[1]. Ma foi, laissons-les
faire.*

*Si je ne craignais de profaner mes héroïnes,
je vous parlerais un tantinet de celles des Français, et je vous apprendrais que M*me *Vestris est
un peu déchue de cet engouement que le public
avait pour elle; que M*lle *Dubois a reparu dimanche dernier dans* Inès de Castro *où elle a eu
le plus grand succès, un suffrage unanime, des
applaudissements à faire tomber la salle; que les
comédiens viennent de remettre le* Siège de Ca-
lais *dans lequel elle a eu les mêmes succès et les
mêmes applaudissements. L'on parle encore d'une
pièce appelée* le Déserteur *que l'on a annoncée*

---

1. Allusion aux NOUVELLES DE l'OPÉRA, aux vers satiriques
de Collé :

> Que dirai-je enfin du restant?
> Toutes le font, toutes l'ont grand.
> . . . .

Vers satiriques où se trouve ce couplet à l'adresse de
Sophie :

> Pour pucelle la jeune Arnould
> Vient de se vendre à certain fou (Lauraguais);
> Mais, selon la chronique,
> Elle a de la pratique.

*pour lundi à la Comédie-Italienne. Mlle de C...
Mollet, célèbre actrice de ce théâtre, a épousé le
petit Trial, mais je sens que tout cela ne peut vous
intéresser autant que notre sublime académie;
ainsi prenez que je ne vous ai rien dit du reste.*

*Recevez seulement favorablement les assurances
de respect et d'estime que vous a vouées, pour la
vie, votre très affectionnée,*

S'OPHIE.

*Je vous envoie ci-joints encore des couplets faits
sur Mlle Heinel. Ils ne sont pas merveilleux: trai-
tez-les en partie comme les enfants d'une folle
qui vous est fort attachée. En tout cas, que vous
ne trouviez pas les rimes exactes, j'abandonne
cette partie, car elle ne m'appartient pas; je ne
réclamerais de toutes ces bêtises que le choix des
airs et le fond de la chose.*

*Il faut convenir que cette Sophie est un gaze-
tier bien envieux, j'en conviens, et sur ce finis
ainsi que mon papier, car.....[1] »*

XVIII

Sophie alors ouvrit sa porte grande et son
cœur à deux battants: ce fut une cohue magni-

1. Lettre autographe possédée par M. A.-J. Doucet.

fique ! l'argent et l'esprit, la finance et la poésie,
Plutus et les neuf Muses ! un rendez-vous de
folies ! un va-et-vient de désirs, de madrigaux,
de Pactoles!... Il y avait le plus souvent un
maître du logis en titre, quelque prince d'Hénin[1],
mais Sophie le prenait si reconnaissant d'être
aimé et si heureux d'être envié, qu'il laissait la

1. De cet entreteneur officiel de Sophie Arnould, pendant
ses années d'existence brillante, voici un contrat par-devant
notaires qui a tout l'air d'une donation déguisée :

Par-devant les conseillers du Roi, notaires au Châtelet de
Paris soussignés, fut présent très haut, très puissant et très
illustre prince Monseigneur Charles-Alexandre-Marc-Marcel-
lin d'Alsace et d'Hénin-Liétard, prince d'Hénin et du Saint-
Empire, colonel aux grenadiers de France, demeurant à
Paris, en son hôtel, rue Sainte-Anne, butte et paroisse Saint-
Roch.

Lequel a reconnu avoir reçu de demoiselle Madeleine-
Sophie Arnould, fille majeure, la somme de 20.000 francs en
espèces sonnantes, pour laquelle somme, mondit seigneur
prince d'Hénin a, par ces présentes, créé et constitué, assuré
et assigné, et promis fournir et faire valoir à la dite demoiselle Arnould, demeurant à Paris, rue du Dauphin, et accep-
tant pour elle, sa vie durant, deux mille livres de rente
annuelle et viagère, exemptes de la retenue des impositions
royales, présentes et futures, que mondit seigneur prince
d'Hénin promet et s'oblige de payer à la dite demoiselle
Arnould, en sa demeure à Paris ou au porteur, de trois en
trois mois, à compter du premier janvier de la présente
année. Échoiront et seront payés, le premier avril prochain,
le second..., et ensuite ainsi continuera de trois en trois
mois jusqu'au décès de la dite demoiselle Arnould, à
compter du quel jour la dite rente sera éteinte et amortie
au profit de monseigneur le prince d'Hénin et sera à prendre
la dite rente viagère de deux mille francs présentement
constituée spécialement sur les terres de Liedekerque, de
Wert, Nederivert et Wiern situées dans le Brabant autri-
chien, appartenant à mondit seigneur le prince d'Hénin, e

ruelle de Sophie pleine, cette ruelle qui était l'hôtellerie de tous ceux qui avaient leur cœur ou leur esprit à perdre, leur jeunesse à jouer où à regagner. A la table de Sophie, la meilleure noblesse du royaume venait demander l'ivresse et la licence du vin [1]. A cette table, — un autel de la vie libre et des libres amours ! — les jeunes ducs, tout bottés pour l'exil, venaient jurer, entre les mains de la maîtresse de maison, fidélité éternelle aux déesses de l'Opéra [2]. Oh! le triomphe de Sophie! Les ambassadeurs étrangers la couvraient de diamants, les altesses sérénissimes se mettaient à ses genoux, les ducs et pairs lui envoyaient des équipages, les princes du sang daignaient l'honorer d'enfants [3] !

généralement tous les biens, meubles et immeubles présents et à venir qu'il a affectés, obligés et hypothéqués à la garantie de la dite rente viagère, et au payement exact d'icelle pendant la vie de Mlle Arnould.....

Fait et passé à Paris, l'an mil sept cent soixante-dix avant midy.

Signé :

M. L. ARNOULD,

D'ALSACE, prince D'HÉNIN, LAROCHE, DULOZ.

(Pièce relevée par Maurice Tourneux, chez Me Dufour, notaire.)

1. *Rapports de police sur les femmes galantes*. Revue rétrospective. 2e série, vol. III.

2. *Correspondance secrète*, vol. II.

3. Sophie eut, dit la chronique galante, une fille du prince de Condé qui épousa le comte de R...

XIX

Alors Sophie devient insolente comme son
bonheur. Sophie prend plaisir à fatiguer les
complaisances de ses destinées. Sophie défie la
disgrâce. Et c'est Sophie que l'on entend tenir
ce langage insolemment railleur au lieutenant
de police :

« Un soir Mlle Arnould avait donné à ses
nombreux amis un grand souper, où l'on avait
tenu des propos peu décents sur la marquise de
Pompadour. Le lieutenant de police la fait
venir le lendemain : — Mademoiselle, où avez-
vous soupé hier ? — Je ne me le rappelle pas,
Monseigneur. — Vous avez soupé chez vous.
— C'est possible. — Vous aviez du monde ? —
Vraisemblablement. — Vous aviez, entre autres,
des personnages de première qualité ? — Cela
m'arrive quelquefois. — Quelles étaient ces personnes ? — Je ne m'en souviens pas. — Vous
ne vous souvenez pas de ceux qui ont soupé
hier chez vous ? — Non, Monseigneur. — Mais
il me semble qu'une femme comme vous devrait
se rappeler ces choses-là. — Oui, Monseigneur,
mais devant un homme comme vous, je ne suis
pas une femme comme moi ! »

C'est Sophie, en le temps de ce dur régime

pour la presse, qui plaisante si cruellement
l'administrateur de la banqueroute publique,
l'abbé Terray[1].

1. C'était à propos de l'établissement de la ferme générale,
et de la combinaison qui faisait passer les pensions des acteurs,
des actrices, des gents à talent, de l'état des Menus
Plaisirs sur cette ferme : combinaison dans laquelle on avait
annoncé que Mlle Arnould devait avoir une *croupe*. Voici la
lettre attribuée à Sophie :

Monseigneur.

*J'avais toujours ouï dire que vous faisiez peu de cas des
arts et des talents agréables : on attribuait cette indifférence
à la dureté de votre caractère. Je vous ai souvent défendu du
premier reproche ; quant au second, il m'avait été difficile de
m'élever contre le cri général de la nation. Cependant je ne
pouvais me persuader qu'un homme aussi sensible que vous aux
charmes de notre sexe pût avoir un caractère de bronze.
Vous venez bien de prouver le contraire. Vous vous êtes
occupé de nous au milieu de l'affaire la plus importante de
votre ministère. Forcé de grever la nation d'un impôt de
162 millions, vous avez cru devoir en réserver une légère
partie pour le théâtre lyrique et pour les autres spectacles.
Vous savez qu'une dose d'Allard, de Cailland, de Raucoux, est
un narcotique sûr pour calmer les opérations douloureuses que
vous lui faites à regret. Véritablement homme d'État, vous en
prisez les membres, suivant l'utilité dont ils sont à vos vues.
Le gouvernement fait sans doute, en temps de guerre, grand
cas d'un guerrier qui verse son sang pour la patrie, mais, en
temps de paix, le coup d'œil d'un militaire mutilé ne sert
qu'à affliger, qu'à exciter les plaintes et les murmures du
Français, déjà trop disposé à geindre. Il faut des gens, au
contraire, qui le distraient et l'amusent : un chanteur, une
danseuse, sont alors des personnages essentiels, et la distinction qu'on établit dans les récompenses des deux espèces de
citoyens, est proportionnée à l'idée qu'on en a. L'officier
estropié arrache avec peine, et après beaucoup de sollicitations et de courbettes, une pension modique ; elle est assignée
sur le Trésor royal, espèce de crible sous lequel il faut
tendre longtemps la main afin de recueillir quelques gouttes*

C'est Sophie, en dernier lieu, qui insulte le Roi jusque dans ses amours. Écoutez les *Mémoires secrets de la République des lettres*, à la date du 26 novembre 1769 :

d'eau. L'acteur est traité plus magnifiquement, il est accolé à une sangsue publique, animal nécessaire, qu'on fait dégorger en notre faveur de la substance la plus pure dont il se repaît. C'est à pareil titre, sans doute, Monseigneur, c'est à la profondeur de votre politique, que je dois attribuer le prix flatteur dont vous honorez mon faible talent. Vous m'accorderiez, dit-on, une croupe : ce mot m'effraierait de toute autre part, mais c'est une croupe d'or. Vous me faites chevaucher derrière Plutus. Je ne doute pas que, dressé par vous, il n'ait les allures douces et engageantes. Je m'y commets sous vos auspices, et cours avec lui les plus grandes aventures. Puissiez-vous en revanche, Monseigneur, ne jamais trouver de croupe rebelle ! puissent toutes celles que vous voudrez caresser, s'abaisser sous votre main chatouilleuse, puisse la plus orgueilleuse se laisser dompter par vous, et recevoir votre Grandeur, avec cè frémissement délicieux, présage du plus heureux voyage. toutes les fois que vous galoperez dans les champs fortunés d'Idalie.

> *Je suis avec un profond respect,*
> *Votre, etc.*

Paris, ce 4 janvier 1774.

A cette lettre de Sophie Arnould, ou plutôt à cette lettre imprimée sous son nom, l'abbé Terray aurait répondu cette lettre dont également je soupçonne fort l'authenticité.

> Versailles, 8 janvier 1774.

On vous a mal informée, Mademoiselle ; vous n'avez point de croupe dans le nouveau bail, ainsi vous ne chevaucherez derrière aucun fermier général. Mais il vous est très permis d'en faire chevaucher quelqu'un devant ou derrière vous. Cet accouplement ne vous sera pas moins utile ; il est même plus commode en ce que, pour la mise, il n'exige qu'un très petit fonds d'avance.

> Je suis, Mademoiselle, tout à vous.
> L'abbé TERRAY.

« Les amateurs de l'Opéra sont aujourd'hui calmés sur les craintes qu'ils avaient concernant Mlle Arnould. Cette actrice, par une audace sans exemple, avait manqué à Fontainebleau, si essentiellement à Mme la comtesse Dubarri, qu'elle s'en était plainte au Roi. Sa Majesté avait ordonné que Mlle Arnould fût mise, pour six mois, à l'Hôpital [1] ; mais Mme Dubarri, revenue bientôt à son caractère de douceur et de modération, a demandé elle-même la grâce de celle dont elle avait désiré le châtiment et a sacrifié sa vengeance personnelle aux plaisirs du public qui aime cette actrice. Le Roi a eu peine à se laisser fléchir, et il a fallu toute l'aménité, toutes les

1. Mais, pendant quelque temps, ce mot humiliant d'*hôpital*, Mlle Arnould ne pouvait entrer à l'Opéra, sans l'entendre courir autour d'elle, sur les lèvres de camarades qui se vengeaient. — Sur les rapports de Sophie Arnould avec Mme Du Barry, nous trouvons cette note dans les papiers en possession de M. Doucet.

Après avoir dit que la première fois que Marie-Antoinette vint à l'Opéra, la pièce avait été choisie à l'avance pour fournir d'aimables allusions, elle ajoute : « Dès la semaine précédente, Mme Du Barry m'avait envoyé son secrétaire, pour me recommander les décorations, les costumes et tous les accessoires de circonstances, qui font d'une soirée ordinaire une véritable fête de cour.

« En mon particulier, la favorite daigna me faire cadeau d'une énorme boîte de pastilles, accompagnée d'un billet où je trouvai ces paroles : « Surpassez-vous, ma belle Sophie, « car il ne s'agit pas ici de votre jeune comtesse, mais de la « fille des Empereurs. » (Morceaux détachés, ou supplément aux Mémoires de Mlle Arnould de la collection A.-J. Doucet.)

grâces de cette dame pour retenir sa sévérité. »

Et voyez la chance heureuse de cette impudente : quand on la met une fois au Fort-l'Évêque, elle n'y reste que pour apprendre une bonne action de son bon cœur au monde, et doter d'une scène attendrissante un vaudeville à venir, que baptisera son nom [1].

Enfin, grisée de prospérité et d'encens, Sophie se rit, comme par jeu, des menaces des directeurs, des réprimandes des intendants des Menus-Plaisirs, des impatiences du public. Elle manque à Paris accouru pour l'applaudir. Elle se montre en loge à l'Opéra, le jour où elle s'est fait excuser, en disant ironiquement « qu'elle venait prendre une leçon de Mlle Beaumesnil ». Et quand elle joue, quel dédain pour le public! Vous souvenez-vous de ce que dit Restif de La Bretonne dans les *Nuits de Paris ?* « Mlle Arnould était belle sur la scène... mais souvent elle la quittait, comme les chanteurs quittent l'office pour causer entre eux ; je n'ai jamais vu cette incongruité sans souffrir cruellement. » Et quelles exigences à l'Opéra, quelle tyrannie! Les Archives Nationales ne nous apprennent-elles pas que « Mlle Arnould, au préjudice du règlement, prétend qu'aucune de ses camarades ne se serve

______

1. Sophie Arnould, *comédie de MM. Barré, Radet et Desfontaines, représentée pour la première fois à Paris, sur le théâtre du Vaudeville, en pluviôse an XIII.*

de la loge où elle s'habille ordinairement, dans
les opéras même où elle n'a pas de rôle[1]. »

XX

Le train de la chanteuse est maintenant monté
au ton de son insolence. A l'appartement de la
rue du Dauphin a succédé cet appartement de la
rue des Petits-Champs, où le Palais-Royal, tous les
badauds de Paris, regardent ces feux d'artifices
tirés par la princesse Sophie, en l'honneur de
son voisin, le maître du Palais-Royal[2]. Mais ce
n'est pas assez ; voilà que Sophie veut un hôtel
à la Chaussée-d'Antin. Cet hôtel, bâti comme la
pyramide de Rhodope, il sera côte à côte avec
l'hôtel de Mlle Guimard et de mêmes dimensions,
bien entendu. Deux colonnes doriques porteront
le fronton : Euterpe sous les traits de Mlle Arnould. L'hôtel aura deux étages, un vestibule
où tiendra la livrée d'un faubourg Saint-Germain tout entier, et des antichambres encore,
puis les salons. Les enfants occuperont le second étage, qui sera disposé de façon que les
chambres aient deux petits salons. L'hôtel est

1. *Archives nationales*, O¹ registre 633.
2. *Mémoires secrets de la République des lettres*, vol. VII.

déjà tout entier sur le papier : Belanger en a
dessiné les plans [1].

XXI

L'architecte de l'hôtel [2] devint l'amant de l'actrice. Il rangea son cœur. Il lui fut donné de
toucher et de fixer cette femme, cette amoureuse
au jour le jour, cette tête tournée par l'aven-

1. *Bibliothèque Nationale*, cabinet des Estampes. Topo-
graphie de Paris, T. 80. Il y a un dessin de la façade et trois
plans du rez-de-chaussée, du 1er étage, du 2e étage. On lit sur
le dessin de la façade : *Façade d'une maison projetée pour
Mlle Arnould à la Chaussée d'Antin. Cette maison devait être
construite à côté de celle de Mlle Guimard dans les mêmes dimensions.* BELANGER. — On lit sur le plan du second étage: *Plan
du deuxième étage de la maison projetée pour Mlle Arnould,
dans laquelle on avait demmandé* (sic) *4 petits appartements
pour loger les enfants.*

2. L'hôtel me semble resté à l'état de projet, et cependant
nous trouvons, dans une lettre de 1780, Sophie installée
rue de la Chaussée-d'Antin, et elle semble encore habiter la
rue de la Chaussée-d'Antin après l'incendie de l'Opéra, arrivé
le 8 juin 1781.

Les *Chefs-d'œuvre politiques et littéraires de la fin du
XVIIIe siècle*, 1778, ont publié, sous la signature de Sophie Arnould, une assez plaisante lettre sur les vestales de l'Opéra,
presque réduites à leurs chemises.

« *Vous avez sûrement appris par les papiers publics le terrible incendie arrivé aux Menus-Plaisirs du Roi; mais je vous
dois, ma chère amie, quelques détails sur les pertes les plus
essentielles, et dont les suites sont plus graves que l'on n'ima-
gine.*

*Cet affreux incendie a laissé presque nues les divinités de
l'Opéra. Le feu s'est communiqué aux magasins des costumes,*

ture et la surprise du moment. Il l'arrêta dans ce tourbillon de vie, dans ce flux et reflux d'intrigues mercenaires ou vaniteuses, dans ce

et ce n'est pas sans miracle qu'on est parvenu à en sauver quelques-uns. L'attrayante ceinture de Vénus est brûlée, les grâces modernes iront sans voile, ce qui ne leur sera pas aussi avantageux qu'aux anciennes : le bonnet de Mercure, son caducée, ses ailes sont consumées, on a heureusement sauvé sa bourse. Depuis longtemps l'amour n'a rien à perdre, si ce n'est quelques flèches dont il ne faisait plus usage et qu'on n'a retrouvées qu'avec peine, tant le feu les avait rendues méconnaissables : mais pour le dédommager de cette perte, on assure que Mercure a résolu de partager dorénavant avec lui la bourse qui lui vaut aujourd'hui tant de bonnes fortunes. Quant à la froide et triste Pallas, son armure, son casque, le superbe panache, qui l'ombrageait, ont été réduits en cendres. Le bruit a couru pendant quelques jours que son égide avait été entièrement fondue : malheureusement on l'a retrouvée intacte, et elle continue d'agir sur les gens en place, les financiers et les impudents parvenus. Les flammes étaient si dévorantes, si actives, qu'elles ont calciné les différentes choses qu'on leur a enlevées. La lyre d'Apollon n'a pas été raccordée depuis, et ses lauriers sont tellement desséchés qu'on craint bien de ne les voir repousser de longtemps. Il n'est plus question du magnifique jardin d'Alcindor, ni du palais du Roi d'Ormus ; Armide, Didon ont sauvé les leurs, bien heureusement, tout le monde en est enchanté à cause du charme qu'ils inspirent. Mais le char du Soleil et de la Nature, qui se tenait si gracieusement en l'air dans le très naturel prologue de Tarare, n'a pas été épargné, non plus que la quantité de linons qui drapaient de bonnes grosses ombres très palpables, et je n'ajouterais pas très palpées : à quoi sert de médire ? Je ne finirais pas, ma chère amie, si je vous contais nos pertes. On dit qu'avec de l'argent on répare tout... Ah! je le crois. »

Mais la lettre me semble diantrement apocryphe, et je crois plus à la vérité de ce mot original, dit par la spirituelle femme à une grande dame effarée lui demandant, quelques heures après la terrible catastrophe, de lui raconter ce qui s'était passé à *cette* terrible incendie : « Madame, répondit-elle, tout ce que je puis vous dire, c'est qu'incendie est du masculin. »

bruit et ce bourdonnement des sens qui assour-
dit l'âme. Il renouvela chez Sophie la tendresse.
Il lui sauva ce fonds et ce coin caché de sensibilité, d'attachement, de dévouement : dernière
vertu des courtisanes qui les rattache peut-être
à la famille humaine. Qu'avait Belanger pour
agir ainsi sur Sophie ? Sa gaîté, sa jeunesse, et
encore la jeunesse de sa gaîté, — heureux
homme ! — La bonne enfance d'un esprit d'artiste, naïve, réjouie, s'amusant de tout, entrant
comme un rayon de soleil dans les tristesses et
les noires pensées de son prochain ; un franc
rire de nature, sans effort, sans coup de fouet,
sans fatigue, qui s'éveillait avec son maître et
lui faisait compagnie toute la journée ; des gaîtés
fortuites, des drôleries nouvelles, des farces à
étourdir ces lendemains d'une comédienne, si
vides et si ternes — l'humeur et l'esprit de
l'atelier !

Voici une de ses imaginations pour égayer la
fête de sa maîtresse, le jour de la fête de la
Madeleine : « Sa fête se faisait cependant toujours le jour de la Madeleine. Je me rappelle
lui avoir adressé des vers, sous ce nom, à une
de ces fêtes. Belanger fit venir un escamoteur
qui se vanta d'escamoter le buste en marbre de
Sophie. En effet, il détourna un moment l'attention, et le buste se trouva, à un moment, rem-
placé par un grand priape à deux pattes, et ailé,

qu'on avait, disait-il, tiré du Musée de Florence. [1] »

Et quel meilleur compagnon d'amour pour Sophie ! Un bourgeois comme elle d'ailleurs, c'est-à-dire l'égalité dans l'amour, un homme de son ordre et à sa taille, qu'elle pouvait aimer sans se hausser, et à qui elle pouvait parler de ses parents sans les renier. Amants de leur race font aux femmes plus grandes aises qu'on

1. Note de l'*Arnoldiana*, annoté par Millin. — Voici une autre fête de la chanteuse, sans exhibition de phallus, et célébrée le jour de Sophie, par ces vers de Murville que donne le *Journal de Paris*, en juillet de 1777 :

> Amis, célébrons à l'envi
> La fête de Sophie.
> . . . .
> Si quelqu'un parle de bon cœur,
> On cite alors Sophie ;
> Si l'on décerne un prix flatteur,
> Elle est encor choisie :
> Si quelqu'un trouve à l'Opéra
> Grâce et voix naturelle,
> Cet éloge désignera :
> C'est toujours, toujours elle !
> En vain l'Envie aux triples dents
> Voulut blesser Sophie,
> Elle répand que ses talents
> Semblent rose flétrie :
> Mais elle parut dans *Castor*
> Si touchante et si belle,
> Que chacun s'écria d'accord :
> C'est toujours, toujours elle !
> Le Temps cruel, qui détruit tout,
> Respectera Sophie,
> Par son pouvoir le dieu du Goût
> Prolongera sa vie.
> Le charme de ses doux accents
> Nous la rendra nouvelle.
> On répétera dans vingt ans :
> C'est toujours, toujours elle !

ne pense. Et comptez encore, en ce parfait
arrangement, la gratitude très humble que le
modeste émule de Vitruve avait pour les bontés
dont l'honorait cette reine. Que de raisons
pour faire retrouver, non la constance, mais
l'amour à Sophie ! Et l'amour retrouvé, Belanger ne le laissa pas mourir. L'oubliait-on ? il
savait se rappeler par des traits qui portaient
coup, des tours dont Sophie ne savait pas perdre
le souvenir et que son esprit racontait à son
cœur. Un jour, Sophie, éprise du comédien Florence, envoie son congé à l'architecte. Belanger
de changer l'enveloppe et d'envoyer le congé au
comédien. Du quiproquo, Murville fit une pièce,
— mon *Compte-rendu,* disait Sophie, — et
Belanger obtint son retour en grâce auprès de
la pauvre Sophie, fort refroidie par la longue
mine de Florence [1].

A chaque rentrée, il s'établissait de plus belle
dans ce cœur ouvert et vénal ; il était et semblait
une façon de mari de l'actrice. Quand Paris
commence à parler trop haut de la liaison de
Sophie avec Mlle Raucourt, Sophie n'a qu'à
dire avoir épousé Belanger pour être crue sur

1. François-Joseph Belanger, attaché aux Menus pendant
seize ans, fut l'architecte de Bagatelle, le dessinateur des jar-
dins de Belœil, de Méréville, de Saint-James, du jardin de Beaumarchais. Né à Paris en 1744, Belanger y mourait le 1er mai 1818.
— Voir la notice sur *J.-J. Belanger architecte.* Paris, Ballard,
1818, in-8 de 14 pp. par Mlle A. Loiseau.

parole[1], et même par Bachaumont, s'indignant,
de fort bonne foi, de la mésalliance de Thélaïre
avec un petit dessinateur des Menus. Belanger
lui-même prit le mensonge au sérieux, jusqu'à
songer à faire du mensonge une vérité. Mais
l'actrice ne voulait que d'un mari *in partibus ;*
et Belanger resta tout simplement son prôneur,
son admirateur, le garde du corps de son talent,
dévoué toujours, et à toutes les heures et sur
tous les terrains, en paroles et en actions, envers
et contre tous, et même l'épée au vent contre
l'ennemi personnel de Sophie, l'amant de
Raucourt, le marquis de Villette[2]. Belanger fut

1. Sophie disait : « Que voulez-vous? tant de gens cherchent
à ruiner ma réputation, qu'il faut bien que je prenne quelqu'un pour la rétablir : je ne pouvais faire un meilleur choix,
puisque j'ai pris un architecte! »

2. *Correspondance secrète*, vol. VII. On connaît les vers du
marquis de Villette sur Sophie :

> Elle a l'embonpoint de l'Envie.
> Je cherche un sein, des globes nus,
> Une cuisse bien arrondie,
> Quelques attraits... soins superflus!
> Avec une telle momie.

> . . . .

Et voici le récit de la querelle et du duel simulé de Belanger avec Villette que nous donnent les *Mémoires secrets de la
République des lettres :* La querelle survenue entre Mlle Arnould et Mlle Raucourt a dégénéré en une guerre ouverte. Le
sieur Belanger, dessinateur des Menus et amant de la première, a pris fait et cause pour elle contre le marquis de Villette, chevalier de la seconde; et les propos ont été si vifs de
la part du premier, que celui-ci a voulu en venir aux voies
de fait, et écraser le polisson qui osait lui tenir tête. Cette scène

pavé. Il eut la bonne place entre ses amours; il
eut plus tard, dans ses lettres, la meilleure
part des caresses émues, des souvenirs attendris
et mouillés de Sophie, les derniers soupirs de son
vieux cœur !

XXII

Le goût des chanteuses pour leur sexe, c'est
vraiment très particulier comme on le rencontre,
ce goût[1]! dans tous les temps et dans tous les
pays, — et Sophie Arnould n'y semble pas avoir
échappé. Paris ne parlait pas seulement de
la liaison amoureuse de Sophie Arnould avec
Raucourt, elle parlait aussi de sa liaison amoureuse avec Virginie. « Le vice des *Tribades*, —
disent les *Mémoires secrets de la République des*

s'était passée en présence de beaucoup de témoins. Belanger,
craignant le ressentiment du marquis, a porté plainte contre
lui au criminel. Cependant les médiateurs se sont interposés
entre eux, et par un arrangement bien ridicule, on est convenu que les deux rivaux se présenteraient l'un contre l'autre,
l'épée à la main, qu'on les séparerait. ce qui a été fait. C'est
à l'occasion de ce raccommodement burlesque qu'a été écrite
la plaisanterie suivante.

Extrait de la Gazette de Berne, 6 octobre 1774. On écrit de
Lesbos.....

1. Dans le roman de la *Faustin*, j'ai signalé les rapports,
constatés par la médecine, des organes vocaux avec les organes
génitaux de la femme, et le développement des derniers chez
toutes les chanteuses, déclamatrices, etc.

lettres, à la date du 11 juillet 1774, — devient fort à la mode parmi nos demoiselles d'Opéra. La demoiselle Arnould, quoique ayant fait des preuves dans un autre genre, puisqu'elle a plusieurs enfants, sur le retour donne dans ce plaisir. Elle avait une fille, nommée Virginie, dont elle se servait à cet usage. Celle-ci a changé de condition et passé à Mlle Raucourt de la Comédie-Française. Dernièrement, au Palais-Royal, dans la nuit, le sieur Ventes ayant turlupiné la demoiselle Virginie sur sa rupture avec Mlle Arnould, qu'on appelle Sophie dans ces parties de débauche, celle-ci, témoin du propos, a donné au cavalier un soufflet très bien conditionné, dont il a été obligé de rire, en demandant des excuses à l'aimable tribade. »

Le *Vol plus haut, ou l'Espion des principaux théâtres de la capitale*, nous apprend que parmi les deux jours de réception de Sophie Arnould, les mardis et jeudis, les jeudis étaient réservés à des soirées de femmes réunissant les tribades renommées de Paris, et où se passaient des horreurs que l'écrivain le moins délicat ne peut citer sans rougir, et il ajoute : « Rivales des échappées de Sodome, les peintures du Portier des Chartreux sont réalisées par ces femmes lubriques, et elles disputent à leurs antagonistes l'avantage d'éprouver plus de plaisirs avec leurs Gitons qu'elles n'en goûtent ensemble. »

Mais un schisme se déclarait tout à coup entre ces amies intimes : « Les filles du haut style de la capitale, — c'est encore les *Mémoires secrets de la République des lettres* qui parlent, — sont très partagées sur les genres de leurs plaisirs et se divisent en deux sectes. Mlle Arnould est à la tête de l'une, et Mlle Raucourt à la tête de l'autre. On sait le goût que celle-ci a introduit; ce vice est ancien sans doute, mais restait enveloppé jusqu'ici des ombres du mystère. Celles qui en étaient infectées le cachaient avec soin, du moins n'osaient l'avouer. Mlle Raucourt a encore raffiné, elle admet des hommes à sa couche mais à la condition de faire seulement œuvre de femme dans les plaisirs de l'amour. C'est cet éclectisme que repoussait absolument Sophie Arnoud : « elle veut qu'on soit p..... ou tribade absolument, et qu'on ne fasse aucune trêve avec les non-conformistes. »

XXIII

Lauraguais cependant traversait encore le cœur de Sophie, ce cœur que Belanger occupait sans l'emplir. Il y rentrait non plus avec la passion, mais à la façon de son rival, à coups de plaisanteries. Revenant de Londres. rapportant à Paris *l'humour* de nos voisins, le *vis co-*

mica de la charge grave, il appelle et assemble
en consultation quatre docteurs de la Faculté
de médecine, et leur soumet du plus grand
sérieux la question : Peut-on mourir d'ennui ?
Les quatre docteurs, croyant qu'il s'agissait
d'un cas de famille, et sachant, dans les Brancas,
un certain nombre d'hypocondres, de vaporeux,
de mélancoliques, opinent tous pour l'affirma-
tive, motivent leur jugement avec tout le latin
de Molière et le leur, et signent, de la meilleure
foi du monde, la consultation, où ils déclarent
que le seul remède était de dissiper le malade,
et par-dessus tout de lui ôter de dessous les
yeux l'objet de cet état d'inertie et de stagna-
tion.

La pièce en bonne forme, M. de Lauraguais
va, sans rire, la déposer chez un commissaire,
et, sans rire, porte plainte contre le prince d'Hénin qui, par ses obsessions continuelles auprès
de Mlle Arnould, ne tend à rien moins qu'à faire
périr d'ennui cette actrice, les amours du public
et aussi un peu les siens. Il y requiert donc qu'il
soit enjoint audit prince de s'abstenir de toute
visite chez Sophie, jusqu'à ce qu'elle soit parfaitement rétablie de la maladie d'ennui qui la travaille, et qui la tuerait, suivant la solennelle déci-
sion de la Faculté[1].

1. *Mémoires secrets de la République des lettres*, vol. II.

Ce fut la meilleure comédie de l'année et la
plus applaudie, cette farce de Laüraguais. Le
prince d'Hénin se battit; mais tuez donc un ridicule, et la mémoire que Sophie ne pouvait perdre
du farceur!

XXIV

Pendant vingt années de la moitié du
xviii° siècle, Sophie est la personnification de
toutes les héroïnes de la tragédie lyrique ; pendant vingt années, elle fait revivre, sur notre
Opéra français, toutes les grandes figures touchantes de la vieille mythologie et de l'histoire
fabuleuse de la Grèce, toutes les petites figures
poétiques et bocagères de la fantaisie du temps.
Et rien ne dira mieux à notre xix° siècle la variété
des créations de tout genre que la dramatique
chanteuse a fait jaillir de son gosier, de sa sensibilité, de son âme, que le dépouillement de
cette collection unique de livrets, réunis par
M. de Soleinne, possédés maintenant par la
bibliothèque de l'Opéra.

— 1758 —

Énée et Lavinie. Première eprésentation le

mardi 14 février 1758. *Une Troyenne*, Mlle Arnould [1].

Les Festes de Paphos. (Reprise le mardi
9 mai 1758.) Acte troisième : l'amour et Psyché.
Psyché, Mlle Arnould.

Proserpine. (Reprise le mardi 14 novembre
1758.) *Proserpine*, fille de Jupiter et de Cérès,
Mlle Arnould.

— 1759 —

Pirame et Thisbé. (Reprise le mardi 22 janvier
1759.) *Thisbé*, fille de Bélus et de Sémiramis,
Mlle Arnould.

Amadis. (Reprise le mardi 6 novembre 1759.)
Oriane, fille de Lisvart, roi de la Grande-Bretagne, Mlle Arnould.

— 1760 —

Les Paladins. (Première représentation le

1. La recette d'Énée et Lavinie, était de 3.894 l. 10 s. ; la
recette de Proserpine, de 3.716 l. 10 s. ; la recette de Pirame et
Thisbé, de 4.054 l. ; la recette des Paladins, de 4.109 l. ; la
recette de Dardanus, 3.513 l. 10 s. ; la recette de Castor et
Pollux (ouverture de la nouvelle salle des Tuileries), de
5.240 l. 10 s. : la recette d'Adèle de Ponthieu, de 4.338 l. ; la
recette d'Iphigénie en Aulide, de 6.212 l. 10 s. ; la recette d'Orphée et Eurydice, de 5.498 l. 10 s. Toutes ces recettes sont des
recettes à la porte, non compris l'abonnement des loges. Je
dois ce curieux renseignement à M. Charles Nuitter, archiviste de l'Opéra, dont je ne saurais, je le répète, assez louer la
gracieuse obligeance.

mardi 12 février 1760.) *Argie*, jeune Italienne, Mlle Arnould.

Dardanus. (Reprise le mardi 15 avril 1760.) *Iphise* fille de Teucer, Mlle Arnould.

Fragments. (Première représentation le mardi 24 juin 1760.) Deuxième entrée : L'Amour et Psyché. *Psyché*, Mlle Arnould.

Le prince de Noisi. (Reprise d'un opéra joué sur le théâtre des Petits-Appartements de Versailles, le mardi 16 septembre 1760.) *Aline*, fille du druide, Mlle Arnould.

— 1761 —

Jephté. (Reprise le vendredi 6 février 1761.) *Iphise*, fille de Jephté et d'Almasie, Mlle Arnould.

Hercule mourant. (Première représentation le vendredi 3 avril 1761.) *Iole*, princesse captive, Mlle Arnould.

— 1762 —

Les Festes grecques et romaines. (Reprise le mardi 27 avril 1762,) *Cléopâtre*, reine d'Egypte, Mlle Arnould.

Les Caractéres de la Folie. (Reprise le mardi 6 juillet 1762.) Deuxième entrée : Les Caprices de l'Amour, *Eucharis*, Mlle Arnould.

— 1763 —

Polixène. (Première représentation le mardi 11 janvier 1763.) *Polixène*, fille de d'Hécube et de Priam, Mlle Arnould.

— 1764 —

Castor et Pollux. (Reprise le mardi 24 janvier 1764.) *Télaïre*, sœur et fille du Soleil, Mlle Arnould.

— 1765 —

Les Festes de l'Himen et de l'Amour. (Reprise le mardi 4 juin 1765.) Deuxième entrée : Canope. *Memphis*, jeune nymphe, Mlle Arnould.

Thésée. (Reprise le dimanche 8 décembre 1765.) *Églé*, princesse élevée sous la tutellè d'Égée, roi d'Athènes, Mlle Arnould.

— 1766 —

Aline, reine de Golconde. (Première représentation le jeudi 10 avril 1766.) *Aline*, Mlle Arnould.

Fragments (le mardi 17 juin 1766). Troisième entrée : Zelindor. *Zirphé*, mortelle aimée de Zelindor, Mlle Arnould.

LES FÊTES LYRIQUES. (Première représentation le vendredi 29 août 1766.) Troisième entrée : Erosine. *Erosine*, nymphe de Tempé, Mlle Arnould.

SYLVIE, ballet héroïque. (Première représentation le mardi 11 novembre 1766.) *Sylvie*, nymphe de Diane, Mlle Arnould.

— 1767 —

FRAGMENTS LYRIQUES. (Représenté le mardi 18 août 1767.) Troisième entrée : la Terre. *Pomone*, Mlle Arnould.

LES FRAGMENTS NOUVEAUX. (Représenté le dimanche 11 octobre 1767.) Amphion. *Antiope*, Mlle Arnould.

— 1768 —

DARDANUS. (Reprise le mardi 26 janvier 1768.) *Iphise*, fille de Teucer, Mlle Arnould.

— 1771 —

PIRAME ET THISBÉ. (Reprise le mardi 5 février 1771.) *Thisbé*, Mlle Arnould.

FRAGMENTS. (Représenté le mardi 18 juin 1771.) Alphée et Aréthuse. *Aréthuse*, nymphe de Diane, Mlle Arnould.

Amadis. (Reprise le mardi 26 novembre 1771.)
Oriane, Mlle Arnould.

— 1772 —

Castor et Pollux. (Reprise le mardi 21 janvier 1772.) *Télaïre*, Mlle Arnould.

Adèle de Ponthieu. (Première représentation le mardi 1er décembre 1772.) *Adèle*, fille du comte, Mlle Arnould.

— 1773 —

Les Mélanges lyriques. (Représenté le mardi 11 mai 1773.) *Zyrphé*, Mlle Arnould.

— 1774 —

Iphigénie en Aulide. (Première représentation le mardi 12 avril 1774.[1]) *Iphigénie*, fille d'Agamemnon, Mlle Arnould.

Une lettre inédite émanant de la Maison du Roi à la date du 31 mars 1774, adressée à Rebel (Archives nationales, O¹ 416. Dépêches), renseigne sur la curiosité provoquée à Paris par les

---

1. L'Opéra d'Iphigénie en Aulide ne fut joué que le 19 avril 1774. Il n'y eut point de représentation le mardi 12 avril, à cause de l'indisposition de M. Larrivée et conformément aux ordres du Roi.

premières représentations où jouait Sophie Arnould, sur la fureur des répétitions générales.

« 31 mars 1774.

« M. le Prévost des Marchands paroît craindre
avec raison que les répétitions de l'opéra d'Iphigénie ne soient tumultueuses par le concours
immense de ceux qui demandent des billets
pour entrer. Il seroit sans doute à désirer que les
répétitions puissent se faire à huis clos ou du
moins avec un très petit nombre de connais-
seurs. Mais je sens qu'il seroit bien difficile
de s'opposer dans ce moment à la curiosité du
public et que cela exciteroit des plaintes de tous
côtés. Cependant il faut prendre des précautions
pour qu'il n'y arrive point de tumulte et que les
répétitions générales se fassent tranquillement.
La première est de demander une garde pour les
jours de représentations; la seconde est de faire
afficher que personne n'entrera que sur un billet
signé de l'un des directeurs, la troisième de li-
miter sur les billets de loge le nombre des personnes qui peuvent y entrer; la quatrième de ne
donner tout au plus que 3 ou 4 cents billets de
parterre et une centaine d'amphithéâtre. Par ce
moyen on peut espérer que les répétitions se
passeront tranquillement. J'écris à M. le Prévost des Marchands qui désire avoir quelques

loges à sa disposition, qu'il peut vous en faire
demander le nombre qu'il voudra. Vous, vous
voudrés bien aussi en faire retenir une pour
M. de Villevault pour la répétition de samedi et
une pour M. Joly de Fleury, conseiller, à celle
de lundi. Ils se sont adressés à moi l'un et
l'autre pour en avoir.

« *P. S.* Il ne faut aisser entrer qu'aux deux
dernières répétitions ; à l'égard des autres, elles
doivent se faire, portes hermétiquement fer-
mées. »

ORPHÉE ET EURIDICE. (Première représentation
le mardi 2 août 1774.) *Euridice* , Mlle Arnould.

— 1775 —

ADÈLE DE PONTHIEU. (Reprise le mardi 5 décembre 1775.) *Adèle de Ponthieu*, Mlle Arnould.

— 1776 —

FRAGMENTS. (Représenté le mardi 1er octobre
1776.) Euthyme et Lyris, *Lyris*, jeune Témé-
sienne, M^ne Arnould.

Mais ce dépouillement des livrets des archives
de l'Opéra ne présente que les rôles joués à Paris ;

il faudrait, pour avoir l'ensemble « des services »
de la chanteuse, donner ses créations sur les
théâtres de la cour, sur les théâtres de Versailles, de Choisy, de Fontainebleau ; il faudrait
donner la liste fastidieuse des rôles indiqués par
le *Journal des Spectacles de la Cour*. Je ne veux
pas le faire, mais je veux indiquer seulement
pour l'année 1772, l'année du mariage du Dauphin avec Marie-Antoinette, l'année où Sophie
Arnould ne semble rien créer pour l'Opéra de
Paris, les rôles qu'elle joue dans les fêtes et spectacles, à l'occasion de ce mariage.

Le jeudi 17 mai, elle remplit le rôle d'*Andro-
mède* dans Persée « représenté à Versailles
devant Sa Majesté ». Et c'est le rôle de *Télaïre*
dans Castor et Pollux, représenté le 9 juin, et
encore le rôle de *Zélénie*, princesse des Isles-d'Or,
dans la Tour enchantée.

Le jeudi 25 octobre, elle joue devant Sa Majesté à Fontainebleau le rôle d'*Aréthuse* dans
l'opéra d'Alphée et Aréthuse ; et le mardi 6 novembre, le rôle de la bergère *Æglé* dans le ballet
héroïque d'Æglé.

Les spectacles de la cour, Sophie Arnould y
joue plus régulièrement qu'à l'Opéra, elle semble même y rester attachée, lorsqu'elle s'est
retirée de l'Académie royale de musique. Dans
un dossier des archives nationales, en l'an V, au
moment où la loi demandait 30 ans de services

aux acteurs — pour avoir droit à la retraite. De Normandie, le directeur général de la liquidation, écrivait au ministre de l'Intérieur : « Elle, (Sophie) a observé que, quoiqu'elle ait effectivement obtenu sa retraite en 1776, elle a continué de jouer volontairement et à diverses reprises, surtout aux spectacles de la cour, jusqu'en 1788. » Et l'affirmation de Sophie Arnould était confirmée par une lettre de la Chabeaussière, lettre, je crois, un peu suspecte de complaisance.

XXV

Une série de dessins du temps nous permet de ressaisir quelque chose de la vision, sur les planches, de l'actrice, telle que la ville l'applaudissait, il y a une centaine d'années, dans la plupart des opéras que nous venons de citer. Ces dessins enlevés d'un trait de plume courant, et lavés d'une aquarelle à grande eau, ces dessins faits pour les Menus[1] nous montrent Sophie Arnould dans ces vêtements en nuages de gaze

1. Ces dessins sont de Boquet, dessinateur des Menus. Une série réunie par M. Devéria est au cabinet des Estampes. Une seconde série est dans ma collection. Une troisième série, la plus nombreuse de toutes, vient d'être achetée 5,500 francs par l'administration de l'Opéra, à la vente du baron Taylor. Enfin une quatrième série, faisant encore partie de la bibliothèque de l'Opéra, lui a été donnée par le ministère des Travaux publics et provient de l'ancien fonds des Menus-Plaisirs.

d'Italie ; en ces étoffes imprimées de fleurs d'or et semées de paillettes ; en ces armures d'argent ; en ces draperies de satin vert d'eau, à écailles et ornées de roseaux, de coquillages, de perles, de coraux ; en ces costumes mythologiques, en ces toilettes de lumière et de magie, au milieu desquelles se trémoussaient avec leurs perruques rouges, sous leurs *masques et leurs culottes couleur de chair morte*, — les monstres nés du sang de Méduse.

Voici Sophie Arnould dans les Caractères de la Folie, figurant *Eucharis* sous son galant costume rose et son aigrette blanche. Boquet a écrit au-dessous de l'aquarelle : *Fond de petit satin rose à bandes tamponnées. Bandes de gaze d'Italie aussi tamponnées, bordées de rézeaux d'argent frizé. La gaze d'Italie traversée de bandes de satin découpé, bouillonné. Des nœuds par distances de satin rose. Une frange d'argent avec un rézeau sur la teste. Vétements de dessous d'argent monté de satin rose imprimé.* Voici Sophie Arnould dans l'opéra de Canente, représenté à Fontainebleau en 1765 ; la voici toute enguirlandée, dans sa robe blanche et rose, de branchages se nouant à son cou, en un collier vert. Voici Sophie Arnould dans l'opéra de Sylvie, représenté à Fontainebleau la même année : *Draperie blanche. Jupe, corps, haut de manches blanches. Amadis, bas, souliers (couleur) chair, mante tigrée. Guirlande de verdure avec carquois argenté. Laçures* (de cothurnes) *bleues.* Voici Sophie Arnould en son rôle de *Zirphé* dans l'opéra de ZÉLINDOR, représenté à Fontainebleau en 1760 : *Corps et première jupe en argent. Amadis et jupe blanche ornés d'argent. Espèce de voile formant la mante de gaze rayée blanc et argent, doublée de rose. Nœuds d'argent.* Et le dessinateur a jeté en marge, pour bien indiquer au costumier le caractère du costume : *Tout blanc ; fleurs blanches et beaucoup de feuilles vertes.*

Voulez-vous Sophie Arnould en son rôle d'*Argie* dans l'opéra des PALADINS du vieux Rameau ? J'ai sous les yeux trois costumes. Dans le premier, c'est une robe toute bouillonnée à fond vert ; dans le second, la jupe est ornée d'entrelacs de rubans roses ressemblant à ces entrelacs de myrte que l'on voit sur les dos des reliures et l'argenterie de Mme Du Barry ; dans le troisième, des rinceaux chenillés se croisent au milieu de branchages et de fleurs brodés. Enfin nous la revoyons, Sophie Arnould, dans ses rôles de triomphe, dans la robe blanche *guépée* d'Iphigénie, ayant à la main le mouchoir tragique des anciennes princesses de théâtre ; nous la revoyons dans son costume de Thélaïre, avec ses beaux bras, ses voiles noirs, en ce deuil où les deux énormes taches de fard sur les joues font un si étrange effet dans le dessin de Boquet.

XXVI

Arriva l'heure où la mode dévore ses enfants. Ce démon, tout à l'heure adoré, dont tout était bien venu et pardonné, couches fréquentes, caprices, méchancetés, insolences, le voilà soudain disgracié, méprisé, honni comme un ruban passé! Quel changement! Où étaient les applaudissements, est le silence; ce public amoureux, ce n'est plus qu'ennemis. Cette opinion publique, enchaînée et traînée derrière son triomphe, a repris ses verges et ses vengeances. Cette vieille réputation a trop duré, elle ennuie Paris: elle est *mûre* pour l'ostracisme.

La guerre contre Sophie avait commencé dès 1766; mais alors elle se faisait à mi-voix et sur le ton mielleux. Les conseils, les critiques même la courtisaient. Etait-elle obligée d'abandonner le rôle de *Sylvie* à cause de la faiblesse de sa voix, l'on voulait bien reconnaître que Mlle Beaumesnil, malgré son talent, n'effaçait pas Sophie Arnould. En 1768, on disait encore : « Mlle Arnould, oubliée à force d'être désirée, a daigné reparaître dans Pomone. » A la fin de la même année, quand, tentée par l'exemple de Mme de Pompadour, elle voulut créer le rôle de Colin dans le Devin de Village, et échoua, on écrivit

galamment : « Elle n'est point encore au degré
d'applaudissement qu'elle se promettait. » En
1769, lorsque courut le bruit de sa retraite moti-
vée par ses absences perpétuelles, il y avait
émeute des gens de cœur, des *sensibles*, qui par
leurs intrigues parvenaient à désarmer le mécon-
tentement des directeurs.

Mais les années, c'est un grand crime et pour
lequel le public est sans pitié. Les attaques se
démasquaient et s'avivaient contre Sophie vieil-
lissante, et montrant vainement le poing aux
ingratitudes de la foule. Le baroque opéra de
Laborde, Adèle de Ponthieu, venait aider à sa
ruine.

Sophie songeait à se retirer définitivement de
l'Opéra : une lettre de la Maison du Roi (Archives nationales. Dépêches, année 1774) la
retenait à l'Académie.

                          « Du 16 février 1774.

« Je vois avec peine, Mademoiselle, que vous
pensés à la retraite, et que votre motif est l'affoi-
blissement de votre santé qui ne vous permet
pas de remplir votre devoir avec autant d'exactitude que vous le désireriés. Je ne puis que
louer une façon de penser si honnête, mais en
même tems, à votre âge et avec du ménagement,
vous pouvés espérer de vous rétablir aisément,

ainsi je n'accepte point votre proposition quant à
présent; les ouvrages nouveaux que l'on se propose de mettre au théâtre, n'étant point de votre
genre, vont vous laisser un repos assés long, et
d'ailleurs dans aucune circonstance l'on n'exi-
gera de vous que ce que vos forces vous permet-
tront. Je suis persuadé que vous n'abuserés
jamais de cette facilité, et qu'au contraire elle
deviendra pour vous un nouveau motif de con-
tribuer en tout ce qui pourra dépendre de vous
au bien de l'Académie.

« Vous connoissés les sentiments... »

Elle rejouait. Les insultes anonymes[1], — on
la craignait encore en face, — l'assiégeaient.
Elle luttait, elle bravait l'injure; elle sé cram-
ponnait à ses rôles. Elle, qui tant de fois avait
dédaigné et moqué le public, elle essayait de le
reconquérir par l'exactitude, et jouait régulièrement. Vains efforts qui n'aboutissaient qu'à
faire regretter la jeune voix de Laguerre! Les
dures leçons, ces froideurs! les durs avertis-
sements qu'il faut quitter la gloire qui vous

1. La liste des curiosités de la foire Saint-Germain imprimait : « La demoiselle Arnould fait voir une bête très
méchante qui se jette sur tout le monde indistinctement et
que rien ne peut apprivoiser. Cet animal est déjà vieux, mais
il n'est pas moins féroce. Heureusement qu'il a perdu ses
dents, ce qui fait qu'il n'y a plus de risque que pour ceux
qui sont touchés par son venin et un peu par son odeur. »

quitte, et que les joies de l'orgueil sont finies et
que la saison des victoires est morte! L'opéra
d'Alceste, encore un affront pour Sophie, et le
plus mortel de tous, Rosalie Levasseur enlève le
rôle à Sophie Arnould.

XXVII

Une grosse bataille que la rivalité de Sophie
Arnould et de Rosalie Levasseur, rivalité où
Gluck, Mercey-Argenteau, ambassadeur de l'impératrice-reine, le prince d'Hénin menaçant du
bâton l'administration de l'Opéra, sont tour à
tour en scène. Le refroidissement du compositeur d'Iphigénie en Aulide pour sa chanteuse
ordinaire, semble naître à la suite d'une répétition en petit comité dans l'appartement de la
rue Neuve-des-Petits-Champs. Le prince d'Hénin
tombe à l'improviste dans le *concerto*, et impatienté du monde qu'il trouve chez sa maîtresse,
témoigne de l'humeur contre la musique et le
compositeur. Gluck de faire semblant de ne pas
s'apercevoir de la présence du prince. Le prince
de s'écrier : « Mais il me semble que l'usage en
France, lorsque quelqu'un et surtout un homme
de considération entre, est qu'on se lève. » Gluck
de répondre brutalement : « L'usage en Allemagne, Monsieur, est de ne se lever que pour les

gens qu'on estime. « Et prenant son chapeau,
le compositeur partait, disant à Mlle Arnould :
« Du moment que vous n'êtes pas maîtresse chez
vous, je vous quitte et je ne reviens plus. »

Gluck ne revenait plus. Il faisait mieux : il
prenait logement chez Rosalie Levasseur, donnait journellement des leçons à la rivale de
Sophie Arnould, et comblant les vœux du puissant amant et du très soumis esclave Mercy-
Argenteau, il donnait à la maitresse de l'ambassadeur de l'Impératrice-Reine le rôle d'Alceste [1],
qui appartenait à Sophie Arnould par droit d'an-
cienneté. Sophie s'en vengeait par une épigramme, disant lorsqu'on applaudissait Rosalie :
« Ce n'est pas étonnant, elle a la voix du
peuple ! » Rosalie répondait par une satiré dégoû-
tante, jetée dans la salle :

Vieille scrinette cassée,
Cadavre infect, doyenne des put.....
O toi, dont la gueule édentée
Vomit à grands flots les venins
De ta langue pestiférée,
Oses-tu bien, dans ton b..... d'esprit,
Où préside avec toi cet avocat proscrit (Linguet)
Par la justice et par sa compagnie)
Déchirer ce grand homme, ami de Polymnie,
Qui nous peignit *Orphée,* *Alceste,* *Iphigénie,*
Que tout l'univers applaudit.
De la fable, serpent maudit,

1. La première représentation d'Alceste avait lieu le
23 avril 1776.

Tu mords une lime endurcie
A la chaleur qui réfléchit
Le feu pétillant du génie ;
Ces trois chefs-d'œuvre, en dépit
Des serpents de la jalousie,
Ne craignent point ta dent pourrie,
Et leur auteur, qui te défie,
Brave ta cabale, et se rit
Des efforts de ta noire envie.
O toi, dont les accents animent nos concerts,
Poursuis, aimable Rosalie,
Unis ces dieux qui charment l'univers,
Celui des arts et celui d'Idalie.
Jouis de leurs douces faveurs ;
Séduis nos yeux, nos oreilles, nos cœurs ;
Laisse crier ta jalouse ennemie,
Tes talents font son désespoir ;
Et du Temps qui la fait déchoir,
Bientôt, sur sa tête blanchie,
La faux terrible appesantie,
N'offrira plus aux regards indignés
Qu'un squelette hideux, une horrible furie,
Pleurant, au déclin de sa vie,
Les maux affreux qu'elle a gagnés,
Dont Saint-Côme et sa casserole
N'ont jamais bien pu nettoyer
Son profond et large foyer,
Où tout Paris attrapa la v......[1].

1. *Chansonnier historique du XVIIIe siècle*, vol. IX, publié par Émile Raunié. Metra, qui nomme Guinchard comme auteur de ces vers, dit que Sophie Arnould eut l'esprit de les rendre publics. Cette satire a un intérêt historique : elle donne le ton de l'*engueulement* de ce temps entre les étoiles de l'Académie royale de musique.

XXVIII

Alors dans ce partage du public, dont une fraction, et la plus nombreuse, est allée à sa rivale, la dédaigneuse Sophie se retourne vers la presse théâtrale ; — et qu'un de ses journalistes, Lefuel de Méricourt, lui fasse un aimable bout d'article[1], elle lui riposte aussitôt par cette lettre-biographie :

Je ne puis que vous remercier, Monsieur, des choses obligeantes que vous avez mises dans votre journal, tant sur mes faibles talents que sur mon personnel. Je m'estimerais trop heureuse si le public me jugeait avec la même indulgence, et s'il rendait justice aux efforts que

---

1. Donnons l'article :

« Nous ignorons l'âge et le lieu de la naissance de cette actrice (Sophie Arnould) qui a longtemps fait et fait encore les délices de l'Opéra, où elle joue les rôles tendres avec le plus grand succès, bien des gens l'ont accusée d'être méchante, mais des personnes dignes de foi et qui la connaissent nous ont assuré qu'elle avait le cœur bon, l'esprit un peu satirique, et la tête très bien organisée. Elle est presque la Ninon de notre siècle. Elle rassemble souvent autour d'elle des gens de tous états, de toutes conditions, mais toujours des gens d'esprit ; bien éloignée en cela de ses camarades qui ne savent pas distinguer le brute d'avec le poli. »

Le Nouveau Spectateur ou Examen des nouvelles pièces de théâtre, servant de répertoire universel du Spectacle. Avril 1776.

*j'ai toujours faits pour lui plaire et mériter ses
bontés.*

*Quant à mon âge, vous gardez le silence :
auriez-vous craint de blesser mon amour-propre,
en traitant une matière aussi délicate vis-à-vis
de mon sexe ? Ne vous gênez point : ce n'est pas
un secret ; ce serait tout au plus celui de la comédie. Sans autres prétentions que celle d'être plus
intéressante dans mes rôles, je désirerais conserver du moins au théâtre l'illusion de la jeunesse
que le prestige des planches favorise toujours :
car le public est pour les actrices comme l'Amour
pour les guerriers, il ne fait nul état d'un vieux
soldat. Mais peut-être par coquetterie je veux
vous mettre moi-même dans la confidence. Je suis
née le 14 février 1744, sur la paroisse Saint-Germain-l'Auxerrois, dans la même alcôve où l'amiral
de Coligny fut assassiné. Cette anecdote intéressante est la seule illustration de ma naissance que
je puisse citer. On sait que mon début est du mois
de décembre 1757. Qui peut calculer que huit
et huit font seize, saura que seize et seize font
trente-deux[1].*

*J'attends avec impatience. Monsieur, votre
jugement sur l'opéra d'Alceste qui va occuper
et peut-être diviser tout Paris. Les détails que*

---

1. Nous répétons ce que nous avons dit dans la note sur son
acte de naissance, la date et le lieu de sa naissance ; Sophie
est née en 1740, et rue Louis-le-Grand.

*vous ferez, fixeront l'opinion que j'en ai formée
aux seules répétitions. Si les succès que j'ai pu
avoir dans Iphigénie ont dû me donner de la
prévention pour les auteurs, leur peu d'égards,
et j'ose même dire leurs mauvais procédés, ont
dû aussi changer mes dispositions pour eux :
mais je me respecte trop pour me joindre (comme
ces messieurs veulent le persuader) aux cabales
qui peuvent se former pour ou contre ce nouvel
ouvrage : elles ont toujours été au-dessous de
moi; les unes tiennent à la charlatanerie, les
autres à la bassesse. J'ai borné ma vengeance à
ne pas réclamer mon droit sur le rôle; mais nulle
raison personnelle ne me fera déprimer le génie,
et ne m'empêchera de rendre justice à celui de
M. Gluck. Il est, je le dis hautement, le musicien
de l'âme : il saisit toutes les modulations propres
à former l'expression des sentiments et des pas-
sions, surtout de la douleur.*

*Quant à l'auteur des paroles, je laisse au
Public le soin de le juger. Si j'étais de l'Académie
française, je pourrais joindre ma critique à celle
qu'en pourront faire les Quarante, mais je ne suis
que de l'Académie royale de musique. Je recon-
nais mon incompétence, et je garde le tacet : je
me permettrai seulement de dire que l'on ne
trouve pas toujours des sujets aussi intéressants
qu'Iphigénie, et des modèles aussi sublimes que
Racine.*

Quant aux acteurs, s'il m'était permis d'en parler, je ferais l'éloge du jeu de M. Gros dans le rôle d'Admète, et de la manière de chanter de mademoiselle Rosalie dans celui d'Alceste.

J'ai l'honneur d'être très parfaitement, Monsieur,

Votre très humble et très obéissante servante,

SOPHIE ARNOULD.

Ce 22 avril 1776[1].

XXIX

Toutefois, en dépit de cette louange publique, de cette louange imprimée du talent de sa rivale, dans la même feuille où elle avait paru, le journaliste ami de la chanteuse, le 23 mai 1776, après la première représentation d'ALCESTE, insérait cette lettre, où le correspondant anonyme parle ainsi de Rosalie, de la principale interprète de la musique du maître allemand :

« Il semble que cette musique soit chantée par des malades travaillés d'une demi-pinte d'émétique et qui font pour vomir des efforts inutiles. » Et il se demande « si c'est de ce ton-là qu'on doit pour ainsi dire *dégueuler* la sublime poésie del signor Calzabigi ».

1. *Le Nouveau Spectateur,* rédigé par Lefuel de Méricourt, 1er mai 1776.

Et presque aussitôt, une autre lettre reproche durement à Gluck d'avoir été « prendre une fille comme Rosalie pour jouer le rôle d'Alceste ». Et cette lettre se termine par cette phrase :

« Est-ce qu'il n'y avait pas la demoiselle *** ? » La demoiselle *** c'est Sophie Arnould, de laquelle, — après avoir déclaré que Rosalie est ennuyeuse à périr, — il laisse prévoir la mort prochaine.

> Si la divine *** (Arnould) en venait à mourir,
> Je le mets sur sa conscience.

Et le *Nouveau Spectateur* ne lâche point encore la maîtresse de Mercy-Argenteau et Gluck, et dans le journal dévoué à Sophie Arnould, on lit, à quelque temps de la publication de ces vers :

« Je le reverrai encore cet opéra (ALCESTE) plus triste que touchant, ne fût-ce que pour me confirmer dans l'opinion que j'ai toujours eue de la supériorité de la demoiselle *** sur une rivale que M. Gluck n'a pu lui préférer que par erreur et faute de connaître le goût de la nation, tant en musique qu'en acteur. »

Puis enfin c'était tout à coup comme une sourdine mise à cette guerre de petits vers et de nouvelles à la main entre les deux actrices, et cela finissait, dans le journal de Lefuel de Méricourt, par l'impression de cette note que me

communique Henry Céard, par cette note invrai-
semblable d'une impossible prétention de Sophie
Arnould et dont la discussion par les commis-
saires de l'Opéra semble une mystification pour
les lecteurs du journal : « Nous apprenons que
l'homme d'affaires de la demoiselle Arnould
vient de présenter à l'administration de l'Opéra
un compte fait, débit et crédit, du rôle d'*Iphigénie*, mais que par contre se trouvant créan-
cière de tous les rôles qu'elle a joués jusqu'à ce
jour, elle a le droit de demander que l'Opéra
lui tienne compte de cette balance à son avantage, le tout sauf erreur ou omission. .   .   .

  .   .   .   .

XXX

—Que veut dire ceci, Monsieur ? Je crois qu'il y
a rébellion dans votre orchestre.—C'était Sophie,
qui, dans une répétition, s'adressait du théâtre
à Francœur, battant la mesure à son pupitre.

— Comment, Mademoiselle, de la rébellion !
Nous sommes tous ici pour le service du Roi, et
nous le servons avec zèle.

— Je voudrais le servir aussi, mais votre orchestre m'interloque et m'empêche de chanter.

— Cependant, Mademoiselle, nous allons de
mesure.

— De mesure, *quelle bête* est-ce cela ? Suivez-moi, Monsieur, et sachez que votre symphonie est la très humble servante de l'actrice qui récite !

Cette répétition était une répétition de CÉPHALE ET PROCRIS, représenté à Versailles en 1773, et à laquelle assistait peut-être Gluck. Sous la drôlerie de la forme et l'insolence apparente des prétentions, Sophie Arnould réclamait là les droits de la chanteuse lyrique avant la révolution musicale. En effet, chanteurs et chanteuses d'opéra n'étaient encore que des hommes et des femmes récitant musicalement une tragédie sur des intonations indiquées par un musicien. Jusqu'à ce jour ils avaient joui de la plus complète indépendance « quant à la manière de présenter leurs phrases » ; jusqu'à ce jour ils avaient eu le pouvoir d'en presser ou d'en retarder le mouvement, le pouvoir de s'arrêter sur telle note selon l'inspiration du moment, le pouvoir de faire courir, à la suite de leur voix libre de toute mesure, la symphonie haletante.

« Quelle bête est-ce cela ? » Sophie ne se doutait guère, en disant ce mot, que cette bête était à la veille de mettre à néant son talent et sa renommée. Et une citation du temps que rapporte Castil-Blaze ne laisse aucun doute sur le coup porté à la chanteuse par l'introduction rigoureuse de la mesure : « Quelle idée peut-on avoir d'un genre de musique où Mlle Arnould, par exemple, n'est plus la première actrice ; où M. Legros perd tous les agréments de sa belle voix, puisqu'il n'y a ni cadence à faire, ni sons prolongés à soutenir ; où le récitatif est aussi simple que la parole. Si M. Gluck prend la peine de noter non seulement les inflexions de sa voix, mais encore les longues et les brèves, le mouvement et la durée, n'est-il pas évident que l'actrice n'a plus rien à faire ? On a cherché longtemps la raison pour laquelle Mlle Arnould ne brillait pas dans les opéras de M. Gluck ; c'est justement parce qu'elle est bonne actrice. C'est parce que, dans la bonne et véritable musique nationale, elle pouvait abréger ou prolonger à son gré les sons de sa voix, suivant que sa manière de sentir l'exigeait, ou même suivant qu'elle était plus ou moins fatiguée. Mais aujourd'hui qu'il s'agit de s'assujettir à la mesure comme une simple coryphée, qu'a-t-on besoin de son talent ? Il devient superflu. »

XXXI

Cependant Sophie Arnould persistait héroïquement à faire plaider sa voix, à parler au public, à travailler laborieusement à la reconquérir. Les années étaient venues où elle com-

mençait à dire : « Hélas ! je paye tous les jours
l'honneur de m'être élevée par la peine de me
soutenir ! » Elle reparaissait dans EUTHYME ET
LICORIS, fière de l'espoir de contrebalancer le
succès de Rosalie dans ALCESTE, mais sa maigre
voix était mourante et Gluck tout-puissant ; les
huées étaient telles qu'on croyait à une retraite
immédiate et absolue. Le royal appui que lui
apportait la reine Marie-Antoinette à une représentation d'IPHIGÉNIE ne faisait qu'exaspérer les
mécontents. Ecoutez Bachaumont : « La Reine,
sensible aux huées dont le parti adverse pour-
suivait Mlle Arnould, crut les faire cesser, en se
déclarant et en applaudissant beaucoup cette
actrice; mais cette manœuvre n'a pu contenir
les mécontents, qui ont continué leurs clameurs
indécentes. » Laharpe[1] nous raconte les brutali-
tés du public à son égard dans cet opéra : « Depuis
longtemps on désire sa retraite, elle n'a plus de
voix et son grasseyement, autrefois une des
grâces de sa jeunesse, est devenu désagréable.
Elle a d'ailleurs conservé toute la lenteur du
chant français qui n'est plus de mode. Mlle Arnould jouant dans le rôle d'Iphigénie disait à
Achille :

> Vous brûlez que je sois partie !

1. *Correspondance de Laharpe*, lettre LXIV.

Le parterre lui appliqua ce vers et se mit à
battre des mains.

Et il arriva, — les salons mêmes oubliant la
politesse et la pitié, — il arriva qu'à un concert
chez Monseigneur le duc de Chartres, elle fut
chutée. Le calice n'était pas encore assez amer
pour la *pauvre fée*, comme on commençait à
l'appeler alors. Elle était un soir à prendre le
frais dans le jardin du Palais-Royal, une jeunesse sans cœur lui chantant le motif d'ALCESTE :
« Caron t'appelle, entends sa voix, » la chassa
du jardin[1].

Enfin, Lefuel de Méricourt lui-même, le journaliste dont la feuille de théâtre lui avait été si
dévouée dans les commencements de sa lutte
avec Rosalie, l'abandonnait, passait à sa rivale.
A propos de cette reprise d'IPHIGÉNIE où assistait
la Reine, il imprimait : « Nous nous sommes
transportés à cette représentation, nous avons
vu Mlle Arnould remplissant le rôle d'Iphigénie et
nous n'avons pas pu nous empêcher de regretter
la perte d'une partie des talents physiques de
cette actrice qui a fait si longtemps les délices du
public. »

Là-dessus le futur gendre de Sophie, le petit
de Murville. protestait dans une lettre indignée,
demandant au critique si, par la phrase de perte

____

1. *Correspondance secrète,* vol. III.

d'une partie des talents physiques, il voulait faire
entendre que Mlle Arnould avait perdu la moitié
ou une partie de sa voix. Il ajoute : « Si c'est
avoir de la voix que de crier, que de donner à
son chant les éclats de la fureur et du désespoir,
lorsqu'on ne doit donner que l'accent de l'amour ;
si dans le rôle d'Iphigénie, par exemple, il faut
rendre les divers sentiments que l'amour heureux ou malheureux fait naître dans le cœur
d'une jeune princesse comme les emportements
de Médée, je serai de l'avis de l'auteur du *Journal des Théâtres*. Mais comme je crois qu'à
l'Opéra comme à la Comédie-Française, une
voix attendrissante et des yeux que les larmes
embellissent, font plus d'impression qu'une voix
tonnante et une âme sèche, je pense, malgré
l'auteur, que Mlle Arnould a encore toute sa
voix... » Puis, parlant du succès de Mlle Arnould
à Versailles dans l'opéra de Castor et Pollux
et opposant Rameau à Gluck, il déclarait dans
cet *Opéra National*, le théâtre de Versailles le
plus vaste de tous ceux qu'on avait bâtis en
France, « avoir été totalement rempli du volume
harmonieux de sa voix », — faisant assez habi-
lement de Sophie Arnould le tenant de l'opéra
français contre l'opéra allemand représenté par
Rosalie Levasseur[1].

1. *Journal de Paris*, 13 mai 1777.

A cette longue attaque Lefuel répondait aussitôt : « Je n'étais pas à la représentation de CASTOR ET POLLUX, cependant, puisqu'on le dit, il faut bien que cela soit et je le crois ; mais quand je ne l'entends pas à Paris, quand le public ne l'entend pas plus que moi, qu'importe au public et à moi qu'elle se fasse entendre *sur le plus vaste de tous les théâtres qu'on a bâtis en France !* » André de Murville répliquait, réplique à laquelle le journaliste, lors de la reprise de CÉPHALE ET PROCRIS, donnait raison à la définition de Galiani qui comparait la voix de la chanteuse au plus bel asthme qu'il eût entendu chanter, et contestait qu'elle eût jamais chanté :

« On s'est rappelé, écrivait-il, que Mlle Arnould avait joué le rôle de Procris à la cour, qu'elle a été obligée de le quitter, parce qu'il lui était impossible de chanter les airs en mesure et de s'assujettir à suivre l'orchestre : on s'est rappelé encore qu'elle jouait ce rôle à merveille, de même que celui d'Iphigénie qu'elle a si bien rendu depuis, mais il faut remarquer cependant qu'elle ne chante pas, et ce sont des opéras qu'elle jouait.

« Des gens prétendent qu'elle chante encore aussi bien qu'elle ait jamais chanté, je soutiens cette thèse vraie, très vraie : *aussi bien qu'elle ait jamais chanté ;* — reste à savoir si elle a jamais chanté.

« Je me souviens que je lui ai entendu débiter,

déclamer fort bien des scènes de récitatif français, où elle conduisait l'orchestre, qui, les
yeux sur elle, réglait ses mouvements sur les
siens ; elle mériterait encore à présent les mêmes
applaudissements si on rejouait ces tristes
psalmodies, mais encore une fois j'en appelle à
elle-même, croirait-elle avoir chanté [1] ? »

XXXII

Il fallait se rendre et céder, à la fin, — et
Sophie Arnould se retirait en 1778 [2].

L'*Almanach des Théâtres* qui, de 1759 à 1771,
porte Sophie comme « actrice chantante », de
1771 à 1777 comme « actrice chantante seule »,
de 1777 à 1778 comme « actrice des rôles », ne
porte plus son nom en 1779. Retraitée avec une
pension de 4,000 livres [3], tout lui manquait à la

1. *Journal des Théâtres*, 15 juin 1777.

2. A la date du 15 juin 1778, Lefuel de Méricourt écrit très
galamment dans son *Journal des théâtres* que « la retraite de
Mlle Arnould était un avantage pour elle et une perte pour
le public. »

3. Voici le brevet de cette pension donnée par M. Émile
Campardon dans l'*Académie royale de musique* :

1780 — 1er août.

« Brevet d'une pension de 4,000 livres, en faveur de la demoiselle Madeleine-Sophie Arnould, née le 13 février 1740, à
Paris, et baptisée le lendemain dans la paroisse Saint-Roch,
de la dite ville. Cette pension composée des objets ci-après,

fois, jusqu'au prince d'Hénin, que son ancienne amie Raucourt lui enlevait.

Un travail dont les éléments m'ont été gracieusement fournis par Ch. Nuitter, l'obligeant archiviste de l'Opéra, me permet de donner les chiffres positifs des appointements et des gratifications de Sophie Arnould depuis son début jusqu'à sa sortie de l'Opéra.

Sophie reste au même chiffre d'appointements et de gratifications jusqu'en mars 1775. Seulement elle reçoit, dans l'année théâtrale 1770-1771, une gratification *extraordinaire* de 1,000 fr.. et dans l'année théâtrale de 1771-1772, une gratification *extraordinaire* de 1,000 fr. plus une gratification *particulière* de 1.000 fr.

Sur les registres de l'année théâtrale de 1775-1776, Sophie est mentionnée comme *retirée* ou à la pension de 1,500 francs.

appointements de 2,000 livres qui lui ont été conservés sur le fonds ordinaire des Menus Plaisirs sans retenue, à titre de retraite en qualité de musicienne ordinaire de la chambre du Roi, le 1er janvier 1779; une gratification annuelle de 2,000 livres aussi sans retenue, qui lui a été accordée sur les dépenses extraordinaires des dits Menus Plaisirs, en considération de ses services.

SOPHIE ARNOULD

	APPOINTEMENTS.	GRATIFICATIONS.
1758-1759.	1,500 fr.	500 fr.
1759-1760.	2,500	500
1760-1761.	2,500	500
1761-1762.	3,000	1,000

Elle rentre à l'Opéra l'année suivante, à
1,000 francs, traitement inférieur à celui qu'elle
touchait avant et le garde pendant les années
théâtrales 1776-1777 et 1777-1778.

Pendant cette dernière année où elle touche
3,000 francs de l'Opéra, chose curieuse ! le premier registre des *feux* inventés par Devismes,
pour remplacer les gratifications, ne mentionne
pas le nom de la chanteuse une seule fois.

Enfin, en l'année théâtrale 1778-1779, Sophie
Arnould est décidément à jamais retirée de
l'Opéra. Les Archives nationales nous donnent
les chiffres de la retraite de l'ancienne pensionnaire de l'Opéra.

Par une ordonnance en date de janvier 1779,
2,000 francs sont conservés à Sophie Arnould
sur les fonds ordinaires des Menus Plaisirs, sans
retenue, à titre de retraite en qualité de musicienne ordinaire de la chambre du Roy. En outre,
une gratification annuelle de 2,000 francs (datant
de décembre 1772, aussi sans retenue) lui est
conservée sur les dépenses extraordinaires des-
dits Menus Plaisirs, en considération de ses
services ; et le dossier des Archives du royaume
contient une quittance de Sophie Arnould, en
date du 3 août 1780, par laquelle la chanteuse se
déclare payée sans retenue, sauf « environ de
sept quartiers », jusqu'au 1er octobre de la présente année 1780.

Maintenant, cette pension de 4,000 francs, a-t-elle à un certain moment été réduite à 2,000? Dans un curieux travail de Francœur sur les pensions de retraite des acteurs et des actrices de l'Opéra, Sophie Arnould n'est portée que pour 2,000 francs. Les 2,000 francs sont payés de 1787 à 1793, tantôt par le Trésor public, tantôt par la liste civile. Mais, en 1793, ils cessent d'être payés, et à la date du 31 mars 1798, je trouve au nom de Sophie cette triste mention qui explique si bien les cris de détresse jetés dans ses lettres : *Dû cinq ans*.

Remarquons que les premiers états d'émargement sont signés *Arnoud* ; ce n'est que vers 1765, 1766, qu'*Arnoud* devient *Arnould*. Il en est de même pour les livrets des représentations théâtrales.

XXXIII

Sous les rigueurs, les duretés, les mortifications, la courtisane s'était un moment humiliée. Elle était allée vers la religion, comme vers un secours et un oubli. Elle avait mis sa conscience entre les mains des médecins ; et c'eût été une grande cure, si elle l'y avait laissée ! Mais la grâce ne lui avait pas donné la puissance ; et ce bel élan de bonne honte, cette grosse fièvre de

piété dura moins que le temps mis par le graveur
à buriner l'estampe où Sophie était montrée à
confesse, et Mlle Raucourt s'arrachant les cheveux dans le fond[1]. Sophie sortit de là comme
elle sortait de ses caprices, par un mot : « Ces
directeurs, — dit-elle des confesseurs, — c'est
pis que les directeurs de l'Opéra ! »

N'avait-elle pas, de longue main, une consolation mieux à sa portée, et qui joignait à l'étour-
dissement du plaisir l'agrément solide d'une distraction de l'intelligence ? Son salon ! voilà qui
la guérira des échecs de la vie, des faillites de
la fortune, des blessures de l'amour-propre. Il
tient, ce salon qui recueillit l'héritage des salons
de Mme Doublet et de Mme Geoffrin, tous les fins
amusements de la parole et de la pensée, tous
les divertissements de la causerie facile, le concert bruyant et plaisant des meilleurs comme des
plus beaux esprits en pleine liberté, en pleine
jeunesse, en pleine audace. Qui l'aurait, mieux
qu'un pareil chez-soi, aidée à vivre, aidée à ne
pas mourir du chagrin de vieillir[2] et d'entendre,

---

1. *Correspondance secrète*, vol. II.

2. Impromptu adressé par Marin, doyen des gens de lettres,
à Mlle Arnould qui se plaignait à table des ravages que le
temps avait faits sur sa jolie figure :

> Quand on a tant d'esprit, de grâce, de finesse,
> Comment peut-on éprouver des regrets !
> Les agréments de la femme,
> Valent-ils tous les dons que le ciel vous a faits ?
> Ces mots heureux, ces vives reparties,

avant d'être sourde, sa gloire passer à d'autres ?
ce chez-soi qu'elle n'eut qu'à habiter un peu plus
pour y recevoir tous les Parisiens de Paris et de
l'Europe ! Là, Rousseau n'avait-il pas été appri-
voisé et réconcilié avec la civilisation ; là, Garrick
à Paris n'avait-il pas apporté toutes les heures
qu'il dérobait à Clairon ? Ces mardis de Sophie
Arnould, c'était la revue des grands hommes,
petits et grands. Le prince de Ligne, ce passant
de tant d'esprit, s'y oubliait comme en une habi-
tude[1]. Sedaine y reprenait du courage après ses

> Ces traits brillants, ces aimables saillies,
> Cet art de raconter qu'on n'imita jamais,
> C'est ainsi que par ces bienfaits
> La Nature vous dédommage,
> Qu'elle vous venge de l'outrage
> Que les ans font à vos attraits.
>
> . . . .

Et, chose curieuse ! sur quoi est écrit l'impromptu consolateur
de Marin ? Il est écrit au dos des deux billets d'entrée que Belanger avait fait graver pour les personnes désireuses de visiter Bagatelle après l'achèvement des travaux. Deux petites
cartes à la Fragonard tirées en bistre, et représentant sous de
grands arbres des sphinx jetant de l'eau dans un bassin, et
où se lit au milieu :

Bagatelle

Laissés entrer la Personne qui vous remettra le présent

Ce   *179*

pour quatre Personnes.

1. Les deux seuls soupers d'impures, courus par les gens
d'esprit, que cite le prince de Ligne dans ses *Mélanges mili-
taires, littéraires et sentimentaux*, sont les soupers de Julie,
qui devint la femme de Talma, et de Sophie Arnould.

insuccès. Dorat (ce petit Dorat, disait Sophie, il ressemble à une colonne de marbre : il est sec, froid et joli) venait y apporter les premières feuilles de ses éditions illustrées, et redemander son bonnet de nuit. Poinsinet n'y manquait jamais, avec sa muse, et sa crédulité[1]. D'Alembert, Duclos, Diderot, y faisaient sonner leur éloquence. Le sauvage Rousseau lui-même y était vu, conduit par Rulhière. Helvétius y amenait ses systèmes, et la contradiction de ses systèmes : sa belle âme. Thomas y parlait comme un discours, et Lemierre s'y taisait comme un poète. Et la bande des jolis rimeurs, Bernard et Laujon, et Marmontel et Favart! et Beaumarchais et Linguet, ces deux frères d'esprit de Sophie, ses confidents et ses conseillers intimes! Voltaire lui-même, le dieu Voltaire, dans son séjour en 1778, venait de sa personne complimenter la reine d'opéra, qui n'allait plus avoir de royaume que ce salon; — et la jolie idée, l'heureuse et fraîche invention de la maîtresse

---

1. Les jours de joyeuseté, ce salon de Sophie était parfois le théâtre de mystifications énormes. Paris s'amusa, tout le mois de janvier 1780, du souper donné par la chanteuse à l'ingénu Barthe, au naïf auteur dramatique, à ce Poinsinet II, auquel Sophie présenta comme le *chevalier de Médicis*, Jeannot, qui commanda au poète un poème épique en l'honneur de sa maison, puis le turlupina, le turlupina... Et ici répétons ce mot d'un journaliste de l'Empire : « On a dit que Mlle Arnould n'était pas déplacée en bonne compagnie; parce que chez elle la mauvaise même y devenait excellente. »

du logis pour recevoir le vieil homme de Ferney :
une bande d'enfants lui sautant au cou à son
entrée dans le salon[1].

Peu à peu ce salon de Sophie, d'abord échauffé
de cynisme et perdu de licence, s'était apaisé
et avait grandi. Les années y avaient amené un
ton moyen, familier, attique, entre le trop gras
et le trop grave. Cette table d'hôte du scandale
était devenue l'école d'une Aspasie où les grandes
choses s'agitaient avec de belles paroles, au-dessus des petites, où les philosophes[2] s'entrete-
naient de l'homme ; les poètes, du beau ; la
France, de l'avenir.

Et lorsqu'il fallut quitter ce dernier théâtre et
ce dernier sceptre, lorsque Sophie sentit son
esprit las, son caractère alourdi, sa gaîté capri-
cieuse, que fit Sophie ? Elle mit entre le monde
et elle, pendant la plus grande partie de l'année,

1. Pendant le dernier séjour que Voltaire fit à Paris en 1778,
il alla faire une visite à Mlle Arnould : on l'en avait prévenue
et pour mieux fêter le grand homme, elle rassembla une partie
de sa famille. Aussitôt que Voltaire entra dans l'appartement,
tous les enfants se jetèrent à son cou. — « Vous voulez m'embrasser, leur dit-il, et je n'ai plus de visage. » La conversation
s'engagea, et le poète dit à Sophie : « Ah ! Mademoiselle, j'ai
quatre-vingt-quatre ans et j'ai fait quatre-vingt-quatre sottises.
— Belle bagatelle ! moi qui n'en ai pas quarante, j'en ai fait
plus de mille ! » (*Arnoldiana.*)

2. Sophie dit, en un coin de ses mémoires autographes :
« *Je vous parlerai d'abord des économistes, chimistes, encyclo-
pédistes qui ont commencé le cercle de ma société, étant les
amis de Dorval* (le comte de Lauraguais) ; *en fait d'économistes,
vous entendez que je mettrai M. Turgot à leur tête...* »

la distance de Paris à la banlieue, assez de chemin pour arrêter les visiteurs sans patience,
les écouteurs sans indulgence : et assez proche
voisinage, toutefois, pour ne pas perdre les atta-
chements dévoués. Elle acheta une maison à
Clichy-la-Garenne, où elle vivait, tout à elle et
à quelques-uns, en une société petite, mais bien
amie d'amitiés fidèles.

XXXIV

De cette maison de Clichy-la-Garenne[1], « au
jardin d'un arpent que Sophie ne cultivait pas »
et laissait pousser à la grâce du bon Dieu, deux
notes d'un ami du logis, d'un commensal[2], nous
peindront la large existence, la vie *à la coule* :

« J'allais quelquefois voir Mlle Arnould à Clichy. Un jour je la trouvai au milieu d'un grand
cercle. Il y avait vingt personnes à table. Je me

1. Dans une lettre du 2 décembre 1790 (vente du 4 février
1847), lettre dont nous ne connaissons pas le possesseur, Sophie
Arnould, que l'état actuel de sa fortune force à vendre ou à
louer sa *maisonnette de campagne*, fait de cette maisonnette
une longue description. Dans une autre vente d'autographes
du 3 décembre 1867, la vente Hervey, passait l'acte de vente
de la maison de Clichy-la-Garenne, approuvé et signé par la
propriétaire, à la date du 24 mars 1791.

2. Ces notes inédites sont tirées d'un exemplaire que je possède de l'*Arnoldiana* annoté par l'antiquaire Millin (et déjà
cité plusieurs fois) qui a jeté sur les marges des anecdotes
qui ne se trouvent que là.

sauvai. Elle me rappelle et me dit : « Entre, je marie le fils de ma cuisinière avec la fille de mon jardinier. Toute la famille et mes gens sont à ma table. Nous célébrons les *plaisirs de l'Amour et de l'Égalité.* »

« Le soir ses deux fils vinrent. Ils avaient besoin d'argent. Elle n'en avait point à leur donner : « Eh ! bien, dit-elle, prenez chacun un cheval ! » Et ils s'en allèrent avec les deux chevaux. »

Et de cette maison ce que les fils ne déménageaient pas aux années de la Révolution, c'étaient les voleurs qui l'emportaient[1].

« Le mercredi 21 janvier 1789, le sieur Louis Lafleur, sergent de la garde de Paris, de poste à Clichy, amenait devant Jean-Baptiste-Philippe Dubois, commissaire au Châtelet de Paris, un particulier arrêté à la barrière, chargé de plusieurs paquets d'effets, lequel, après avoir déclaré que c'était du linge blanc, avouait avoir volé ces effets en la maison occupée à Clichy, rue Royale, par la demoiselle Arnould, en montant le long d'un treillage appliqué contre le mur du jardin près le pavillon, et en passant par une lucarne donnant dans un office.

1. Plainte rendue par Mlle Sophie Arnould pensionnaire de l'Académie royale de musique contre un voleur qui avait dévalisé sa maison de campagne à Clichy, et désistement par la même de la dite plainte, 1789, 21 et 23 janvier. — *Moniteur du Bibliophile*, 1880.

« Les trois paquets contenaient : quatre chemises de linon batiste dont trois rayées et une
unie, cinq robes de batiste dont trois unies et
deux rayées, quatre taies d'oreiller garnies de
mousseline, trois jupons de basin des Indes blanc
à mille raies, un déshabillé de toile de Jouy fond
rose rayé blanc, deux autres jupons de basin
dont un garni, un pierrot et son jupon de perse
fond blanc à fleurs, garni d'effilés ; deux jupons
de piqûre anglaise, garnis de mousseline ; un
jupon de mousseline rayée, un autre de batiste,
trois autres de toile de coton anglais garnis
d'effilés, deux carcasses de jupon de taffetas blanc,
un jupon de mousseline des Indes à pois brodée
et à double garniture, un autre de mousseline
rayé à mille raies, dix pierrots tant en mousseline que batiste et toile de coton, deux camisoles de mousseline de nuit dont une rayée, un
pierrot de taffetas rayé bleu et puce, deux gilets
de taffetas bleu, deux autres de toile de coton,
une paire de poches de basin, une paire de bas
de coton, un tablier de cuisine à cordon, trois
chemises de toile de coton, cinq mouchoirs de
poche blancs dont quatre de toile, un de batiste,
une paire de drap de domestique, trois chemises
de fauteuil de toile grise, un mauvais tablier de
cuisine marqué ainsi que tout le linge ci-dessus
des lettres *S A* en coton rouge, un paquet de morceaux de différentes étoffes de soie pour meubles,

deux paires de flambeaux de cuivre argenté
avec trois bobèches, un moutardier d'argent
garni d'une pierre bleue de composition et portant un chiffre formé des lettres S A, une cuillère à
moutarde de porcelaine, un étui de maroquin
vert renfermant deux carafons avec leurs bou-
chons et un verre de cristal, deux plateaux à
bouteilles de bois à tour de cuivre argenté, trois
tasses de porcelaine blanche. »

Les effets reconnus par la volée ainsi que six
petites timbales d'argent vermeil, un petit outil
à manche d'ivoire à broder, une petite brosse de
bois de rose et un tournevis trouvés sur le voleur
qu'on fouillait, — l'humaine créature qu'était la
chanteuse, sans doute touchée par la déclaration que son voleur, le nommé François Bonpas, âgé de 23 ans, natif de Mortagne, de son état
compagnon menuisier, se trouvait sans ouvrage
depuis le 8 décembre du mois dernier, et qu'il
n'avait jamais été en prison et n'était point un
repris de justice, — la bonne Sophie, « sous le
bon plaisir des magistrats », se désistait pure-
ment et simplement des déclarations par elle
faites, et Bonpas, déjà constitué prisonnier au
Châtelet, était mis en liberté, et son écrou biffé
des registres.

XXXV

Sophie avait donc vécu sans compter, l'argent
lui coûtait si peu ! Comment penser au lendemain, comment y croire, dans l'aventure et l'heureuse folie d'un si beau présent ! Le lendemain
était venu pourtant, et l'âge, et la menace de
l'âge et la saison, où l'insouciance elle-même
regarde dans le tonneau des Danaïdes. Le rude
apprentissage pour Sophie ! Il lui faut liquider
son rêve, ramasser et compter le reste de tant
de prospérités coulées de ses mains ! 1789 appro-
chait ; les affaires s'embarrassaient. L'argent de
Sophie s'en allait. Elle voulut nettoyer et libérer
sa fortune. Alors elle se retourne vers les anciens
amis, vers les veilles connaissances, demandant
aide et secours au nom des joies passées, des
sourires envolés, de l'amour et du souvenir. Sa
prose[1] va, riante encore, frapper à la poche des
financiers charitables ; et Boutin reçoit d'elle ce
joli compte rendu de ses finances :

1. Les lettres de Sophie Arnould antérieures à la Révolution
sont rares. Les Archives nationales en possèdent une datée
du 2 décembre 1772, une lettre de recommandation près d'un
personnage que la chanteuse appelle « mon prince », en faveur
d'un homme parlant plusieurs langues et jouant de plusieurs
instruments.

« Paris, 31 décembre 1788.

*Vous me témoignez tant de bonté, mon ami,
et vous m'avez déjà tant donné de preuves de
votre amitié, que j'ose m'adresser à vous en toute
confiance : voici ma kirielle[1]. Lisez-la, je vous
prie, avec autant d'indulgence que de bonté ; vous
m'avez fait déjà celui de venir à mon secours,
sur un objet qui n'a pas eu lieu, et je n'ai pas
voulu employer à des objets qui n'étaient pas
ceux que je vous avais annoncés, ce que vous
me prétiez pour cet objet ; aujourd'hui, voici ma
supplique et le pourquoi ; vous connaissez mon
cœur et la délicatesse de mes procédés envers les
illustres ingrats que j'ai associés à mon cœur, à
mon bonheur et aux plaisirs de mon jeune âge :
tout cela a fini, comme cela finit assez ordinairement ; c'est un malheur, je pardonne à ces ingrats
l'oubli de mes attraits, de mes soins, mais non
celui de ma tendresse !... Cependant il faut s'ac-
coutumer à tout ; mais me voici aujourd'hui, et
par le temps qui court, après vingt années de
gloire, de flatterie, d'aisance, obligée de compter*

---

1. Dans la première édition, mon frère et moi, nous avons
donné l'orthographe rigoureuse de toutes les lettres dont l'original était passé entre nos mains. Je trouve aujourd'hui cette
fidélité historique poussée un peu bien loin, avec des femmes
sans orthographe aucune, comme le sont toutes les femmes
du xviii⁰ siècle. Nous renonçons à cette fidélité.

avec moi-même, pour n'avoir pas à décompter avec les autres. Mes affaires pécuniaires sont engagées. La charge d'une famille nombreuse dont j'étais la plus riche, trois enfants, grands seigneurs le matin et très petits bourgeois le soir, ou lorsqu'il s'agit de les placer à droite ou à gauche : bref, tout cela m'a sinon ruinée, au moins bien dérangée. Il s'agit dans ce moment où tout se dégrade, où tout dégénère, où tout se détruit, il s'agirait donc, mon ami, pour votre Sophie, de se conserver ce qu'elle possède encore, vingt-cinq mille livres de rentes, qui toutes chargées de dettes sont réduites à vingt. Bon ! mais voilà le hic : je dois environ une année de ce revenu, de sorte que si je n'y mets ordre par beaucoup d'économies, par beaucoup de privations, et par quelques secours que je me permettrai de demander à mes amis, jamais je ne pourrai m'en tirer, je fais de la terre le fossé, et dans trois ans ma fortune entière sera anéantie : or, voici le parti que je prends et que je désire qui réussisse ! Je voudrais emprunter pour quatre années une somme de vingt-quatre mille livres, avec lesquels je solderai mes dettes, et me réserverai le reste pour la dépense courante, qui deviendra d'autant moins onéreuse que je payerai comptant, et pour m'acquitter exactement de mon emprunt, prélever chaque année une somme de deux mille écus, et puis sur le plus clair de *mes revenus par obligations et délégations. Or comme nous sommes tous mortels, il faut savoir et avoir une hypothèque à donner ; j'ai du mobilier, et ma maison de Clichy, — encore qu'elle ne puisse être vendue ce qu'elle me coûte, — vaudrait toujours bien mille louis, j'ai tout mon mobilier de la maison de la rue de Caumartin. Enfin ! j'ai plus qu'il ne faut pour remplir cet emprunt ; il faut, mon ami, non que vous me fassiez ce prêt (je ne serais jamais assez indiscrète pour vous le proposer), mais ! je désire de votre amitié pour moi, que vous me le fassiez faire par l'ami Brichart. Il est bien pour moi, c'est votre homme ; vous et lui êtes bien sûrs que moi, je suis aussi un honnête homme, que je tiendrai mes engagements, qu'ils seront sacrés, que tout y sera sûreté, honneur, probité ; voyez, mon ami, quelle réponse vous voudrez faire à votre Sophie.*

ARNOULD.

Je rendrai bien entendu intérêts et capital : tout serait compris dans la délégation des mille louis...[1]

L'ami Brichart vu, Sophie recourait encore à Boutin comme à une obligeance et à une providence, lui mandant :

[1]. Collection de M. Lalande. — *Isographie des hommes célèbres.*

« Ce mardi 13° janvier 1789

*Je sors de chez l'ami Brichart, mon ami, qui
m'a conseillé de vous voir pour vous rendre compte
de notre entretien ; j'aime mieux vous en écrire que
de vous ennuyer en personne, sur tout cela ; j'aime
à voir mes amis pour eux et non pour les importuner. Car dans ces sortes de cas, je suis encore
plus bête que de coutume ! mais, venons au fait,
l'ami Brichart m'a dit qu'il n'avait pas de fonds
en ce moment, qu'il ne pourrait m'en promettre
que pour le courant du mois de février, mais,
que comme il me faisait besoin d'une somme de
quatre à cinq mille livres d'ici au quinze de celui-
ci, que si vous les aviez et que vous puissiez me
les prêter, qu'il se chargeait sur cet emprunt de
février de vous les rendre. Peut-être bien même
qu'avec cette somme de cinq mille livres, bien
administrée, je pourrai m'éviter un emprunt plus
considérable, et puisque cette denrée que l'on
nomme argent, est si difficile à avoir ; voilà, mon
ami, tout ce que j'avais à vous dire sur mes
intérêts, mon cœur serait bien plus bavard s'il se
mettait à vous dire tout ce que Sophie sent pour
vous de reconnaissance et d'estime. Bonjour,
bonjour, mon bon, mon excellent ami, aimez
toujours un peu votre bien aimante et bien affectionnée.*

SOPHIE.

Ce mardi matin, 13 janvier 1789.

P. S. — Deux mots de réponse si vous le pouvez, soit à moi, soit à l'ami Brichart, que je sache mon sort d'ici au 15, ou je serai terriblement embarrassée.[1] »

Pendant cette négociation, les petites dettes devenaient grosses, et les plus petites devenaient criardes. Bientôt ce n'était plus cinq mille, mais douze mille livres qu'il fallait à Sophie pour faire face aux créances harcelantes. Tracassée, persécutée, plus ennuyée chaque jour et plus inquiète, elle courait d'amis en amis, de services en services, nouvelle et charmante dans ce métier de solliciteuse qu'elle anoblissait par je ne sais quel accent de l'âme, quel entrain et quelle pétulance de reconnaissance. Quelles charmantes quêteuses, ces lettres de Sophie ! Le tour libre, courant, imprévu ; la franche humeur du ton et du mot, une philosophie de bonne fille, couronnée de roses comme son cachet ; et encore ce feu, cette verve ! elles ont le diable au corps de la prière et du remerciement ! Ont-elles parlé affaires, argent, elles sautent au cœur des gens.

... Quant à vous, mon ami, mon souverain

1. Collection d'autographes de Goncourt.

bien et tout ce que j'estime au monde, je suis à
vos pieds, à votre col, je vous embrasse, je vous
remercie, je vous rends grâces de vos bontés
pour moi. Ah! croyez que votre attention de
m'obliger est gravée à jamais dans mon cœur,
et que s'il est vrai (comme le disent bien des
docteurs) que nous ayons une âme qui nous sur-
vive, la mienne vous en aura en pensée par delà
le trépas, croyez-en votre Sophie![1]

XXXVI

La Révolution était venue. Le long ménage
avec les utopies anglaises de Lauraguais, la ran-
cune contre le Fort-l'Évêque, le plaisir enfantin
de voir démonter une vieille monarchie, tout
cela disposait Sophie à applaudir le drame de
Mirabeau. Son salon de Paris devint un club[2].
Poètes, hommes de lettres, philosophes, cé-
dèrent leurs fauteuils aux hommes politiques de
la Constituante. Le vin de Sophie arrosa les
motions hardies, et si ses soupers ne valaient
pas ses saillies, son zèle du bien public faisait
passer ses hôtes par-dessus son cuisinier. Ses
affaires avaient beau s'embrouiller, son crédit
baisser du même train que le crédit public, elle

1. Catalogue de lettres autographes, 7 décembre 1854.
2. *Mémoires du comte de Tilly*, vol. II.

servait la Révolution de toutes ses forces et de
tout son esprit. Un jour elle gravait sur la porte
du prieuré de Luzarches [1] la jolie épigramme
que tout Paris alla lire : *Ite missa est;* un autre,
elle envoyait aux Jacobins, pour y recevoir le
baptême du patriotisme, les deux enfants du
duc de Lauraguais. Aussitôt Champcenetz, son
vieil ennemi, d'écrire de sa plume la plus bru-
tale dans la *Chronique scandaleuse :*

« Il y a des êtres qui ne mourraient pas con-
tents s'ils ne s'étaient avilis de toutes les manières. La vieille Sophie Arnould en est l'exemple;
après s'être livrée pendant quarante ans à tous
les gredins de mauvais goût, elle vient de se
faire démagogue afin de recevoir chez elle la lie
de l'espèce humaine. Elle envoie étudier aux Jacobins deux enfants qu'un galant homme lui fit
jadis, par mégarde ; enfin elle justifie ce mot terrible du marquis de Louvois : quelqu'un lui
demandait pourquoi Sophie puait tant de la
bouche : *Parce qu'elle a le cœur sur les lèvres !*
répondit-il [2]. »

1. Maison des pénitents du tiers ordre de Saint-François,
que Sophie Arnould aurait achetée, d'après l'auteur de l'*Arnoldiana*, en l'année 1790.

2. *Chronique scandaleuse,* n° 29.

XXXVII

Les soufflets pas plus que la gêne [1] ne conver-
tissaient Sophie au parti du passé ; et cependant, ne devait-il pas y avoir quelques regrets,
et quelques regrets en arrière pour une comédienne qui avait un fils tout prêt pour les
ordres ? De ce fils, hier des protections toutes-
puissantes eussent fait, que sait-on ? un père
de l'Église ou tout au moins un bénificier ; aujourd'hui, — écoutez la mère intercéder pour
l'abbé en espérance d'avant 1789, ce Constant
Brancas qui sera le glorieux colonel de cuirassiers de l'Empire :

30 décembre 1790.

*Voici, mon ami, mon grand garçon, fils d'un
ci-devant grand seigneur, resté grand homme,
et par-dessus tout votre ami ; en un mot, mon
ami, voilà le fils* très-naturel *du ci-devant
comte de Lauraguais (et de Sophie). Nous en
avions fait un abbé parce que nous avions de
grands moyens de faire faire fortune à notre
gas (dans cet état, nous en aurions fait un pape*

---

1. *Le Petit Gautier*, à la date du 6 décembre 1790, annonce
que Sophie Arnould vend ses diamants.

ou au moins un gros bénéficier) ; le ciel en a or-
donné autrement. Vous voyez l'état où sont les
choses, et il est... soldat de la garde nationale
non soldé ; il a quinze cents livres de rentes pour
tout potage.

Il en aurait mangé, depuis quinze mois qu'il
a jeté le froc aux orties, le fonds et le tréfonds,
comme on dit. Bref! il n'a pas assez de fortune
pour vivre à Paris ; moi je n'ai assurément pas
assez de fortune pour l'y entretenir, et surtout à
rien faire. Il veut aller à Londres en Angleterre ;
il a le projet de s'y mettre dans une pension pour
en apprendre la langue, et entrer ensuite dans
une grande maison de commerce, etc., etc.,

Moi, qui ne connais ni l'Angleterre, ni Londres,
ni ses usages, ni son commerce, — croyez-vous
qu'un grand garçon, comme celui que je prends
la liberté de présenter et de vous recommander,
puisse, avec quinze cents livres de rentes, et ne
connaissant de ce monde que les collèges, les sé-
minaires et les b....., croyez-vous, dis-je, qu'il
puisse faire quelque chose ? dites-moi cela avec
bonté. En vérité, je n'ai pas cinq sols à donner
à M. de Brancas (c'est le nom du quidam [1])

---

1. « Je la (Sophie Arnould) trouvai en 1794, sous les arcades
du Palais-Royal. — Eh! bonjour, me dit-elle, mon fils a été
te voir. (Elle tutoyait tous ses amis.) — Qui, votre fils ? —
Brancas! — Il se nomme Brancas? — Eh! oui, mes enfants
sont comme l'Être Suprême, la nation les a reconnus ! » (Note
de l'*Arnoldiana,* annoté par Millin.)

au delà de ses quinze cents livres de rentes [1].

Il a le tiers égal de mes biens, et par consé-
quent la moitié de ma fortune à eux trois, etc.

1. En effet, indépendamment d'une pension viagère de
2.000 livres faite à Sophie Arnould, Lauraguais avait constitué une rente de 1,500 livres sur la tête des trois enfants qu'il
avait eus de la chanteuse, ainsi que le témoigne cette
pièce tirée des Archives nationales et publiée par M. Campardon :

« A tous ceux qui ces présentes lettres verront, Anne-
Gabriel-Henri-Bernard de Boulainvilliers, chevalier, seigneur
de Passy... prévôt de la ville et vicomté de Paris, salut, savoir
faisons que par devant maîtres Bernard Maigret et Charles-
François Dupré jeune, notaires au Châtelet de Paris, furent
présens très et très puissant seigneur monseigneur Louis-
Léon-Félicité de Brancas, comte de Lauraguais, demeurant
à Paris, à l'hôtel de Brancas, rue de l'Université, d'une part,
et Mlle Madeleine-Sophie Arnould, fille majeure, demeurant
à Paris, rue du Dauphin, tant en son nom que comme tutrice
de Auguste-Camille, né le 27 août 1761, Antoine-Constant, né
le 16 octobre 1764, et Alexandrine-Sophie, née le 7 mars 1767,
tous trois enfants naturels... lesquels ont dit que par contrat passé devant Dupré jeune, le 6 août 1765... le dit
seigneur comte de Lauraguais a constitué à la dite demoiselle Arnould 6,000 livres de rente et pension viagère,
à la charge de faire les dépenses nécessaires pour l'entretien
et l'éducation des deux premiers dits enfants, soit pour prendre
des mesures et pour leur faire un sort particulier et personnel
en cas d'extinction de la dite rente viagère par le décès de la
dite demoiselle Arnould ; que la dite Alexandrine-Sophie
étant née depuis cette circonstance et le désir de pourvoir
d'une manière stable au sort des dits trois enfants et à leur
subsistance, oblige le sieur de Lauraguais de faire de nouveau et de donner une nouvelle forme et une plus grande
étendue à la donation qu'il avait faite à la dite demoiselle
Arnould par le dit acte du 6 août 1765 ; en conséquence, le
seigneur comte de Lauraguais a donné et donne par ces présentes, promet et s'oblige de garantir, fournir et faire
valoir : 1° à la dite demoiselle Arnould personnellement
2,000 livres de rente et pension viagère, et à chacun des dits
Auguste-Camille, Antoine-Constant et Alexandrine-Sophie

*Voilà, mon ami, ma position ; vous voyez avec
quelle confiance je m'adresse à vous. Je suis honteuse de l'indiscrétion que j'y mets ; vous pardonnerez à une pauvre recluse, qui, après vingt-
cinq ans de célébrité, de gloire, d'adorations,
d'adulations, se trouve là, seule, abandonnée,*

1,500 livres de rente et pension viagère, le tout franc et
exempt des impositions royales présentes et à venir, payables
au quartier de l'an ordinaire, et accoutumés, dont le premier
qui a commencé à courir du 1er avril de la présente année,
est échu au premier du présent mois et a été payé à la
demoiselle Arnould qui en a donné une quittance particulière et le second échéra et sera payé au 1er octobre prochain
et ainsi de suite pendant la vie de la demoiselle Arnould et
des dits enfants... Au payement desquelles rentes et pensions
viagères, le dit seigneur comte de Lauraguais affecte et
hypothèque spécialement et uniquement la terre, seigneurie
et marquisat de Franconville... La présente donation faite
sous condition que la dite demoiselle Arnould jouira seule et
touchera sur ses simples quittances toutes les dites rentes
et pensions viagères, savoir celles créées au profit de ses
enfants mâles jusqu'à ce qu'ils aient atteint l'âge de vingt
ans accomplis, à compter duquel temps ils entreront en
jouissance et les toucheront sur leurs quittances, et celle créée
au profit de la dite demoiselle sa fille, jusqu'à l'âge de vingt-
cinq ans accomplis, auquel temps elle en jouira aussi avant
qu'elle ne soit mariée, car au dit cas de mariage, il lui sera
payé pour le rachat de la dite rente et pension viagère la
somme de 3,000 livres dont le dit seigneur comte de Lauraguais lui a fait don, que la dite demoiselle mère, en sa dite
qualité, accepte. Plus à la charge par la dite demoiselle
Arnould, d'entretenir, nourrir et éduquer ses dits enfants
auxquels elle ne sera pas tenue de rendre compte de ses
jouissances. Et enfin la présente donation est faite parce
qu'elle est la volonté du dit seigneur comte de Lauraguais...

Fait et passé à Paris, en l'étude, l'an 1768, le 9 juillet avant
midi... (*Archives nationales*, Y 425.)

*sans secours. Enfin, il faut avoir du courage, et
je n'en manque pas. J'ai aussi beaucoup, mais
infiniment, d'amitié, de confiance en vous. Je ne
sais si vous partagerez ces sentiments, et même si
vous m'avez conservé ceux que vous m'avez
promis d'avoir pour Sophie ; mais, quoi qu'il en
soit, à tort et à travers, je suis et serai, à la vie
comme à la mort, votre bien sincère et bien
affectionnée amie*

SOPHIE ARNOULD [1].

XXXVIII

A quelques années de là, la vieille et pauvre
Sophie, au dépourvu et d'argent [2] et de compagnie, abandonnée du monde, sans une seule
paire d'oreilles sous la main, n'ayant plus qu'une
plume pour causer, jetait dans l'encrier tout son
esprit et toute son âme. Elle faisait, avec des

1. *Revue et Gazette des Théâtres de Paris*, 17 octobre 1844.

2. « Mlle Arnould, pendant sa détresse, m'invita à venir
dîner à Luzarches avec l'abbé Lemonnier, auteur de fables
estimées et d'une traduction de Térence. Je lui représentais
que nous lui serions à charge, n'ayant plus avec elle que
Babet, son ancienne femme de chambre. — Oh ! dit-elle, je
l'aide à faire la cuisine. — Bon, quelle cuisine pouvez-vous
faire ? — Une blanquette, un roux. — Quoi, vous savez faire
un roux ? — Tu crois que je ne pouvais faire qu'une
rousse ! » (Allusion à sa fille.) Note manuscrite de l'exemplaire
de l'*Arnouldiana* annoté par Millin.

lettres, la battue de ses amis; et bientôt une correspondance suivie avec le toujours « cher Belanger » devenait la seule occupation et le dernier intérêt de sa vie et de sa tête oisives. Il fallait à cette pauvre vieille femme quelqu'un qui voulût bien de ses confidences et des suprêmes radotages de son cœur, de ce cœur immortellement jeune, qui ne savait ni se taire, ni se recueillir, ni mourir tout seul! Et que lui importe d'obtenir, par charité, un peu de reconnaissance de cet homme à qui elle a donné son amour, et de toucher ses souvenirs en les mendiant? Sophie, d'ailleurs, a appris à faire la part des choses et du changement. Belanger est marié aujourd'hui, très sérieusement marié avec une impure qui a rivalisé de bruit avec Sophie : Mlle Dervieux. Quoi de plus pardonnable qu'il veuille ménager son bonheur, le tenir à distance de sa vie de garçon, et ne point laisser entrer trop avant dans son ménage l'indiscrète amitié de Sophie? Ainsi, du moins, l'illusion de Sophie l'excuse et l'absout, remettant aux mains de l'importune une plume pleine de baisers.

Cela, ce débat du pardon amoureux contre l'indifférence, nous a valu un écrivain, un épistolaire français. Oui, ces lettres de Sophie, — le plus souvent cachetées par une pierre antique où vole un papillon, — ces lettres avec leur tour, leur franchise et leur premier coup, leur

agrément libre et poissard, leurs larmes de si
belle humeur, leur philosophie en chansons,
leur coquetterie à la diable, leur esprit au petit
bonheur, leurs charmes à l'aventure, leurs
grâces salées ; avec cette vie des images, ce feu
des sentiments, ce renouvellement des formules,
cet engouement du trait, cet éclat et cette ca-
resse du ton, ces lettres de Sophie peuvent être
« le mets des plus délicats ». Elles vont de Ra-
belais à Voltaire, de La Fontaine à Piron, et
d'un bout de la femme à l'autre.

XXXIX

A BELANGER

Du Paraclet Sophie, ce 27 février 1793.

*Eh bien ! mon bel ange, voilà ta Sophie de
retour dans sa pauvre petite chaumière. Sais-tu
bien, mon ami, que tu m'as traitée avec bien de
l'indifférence pendant le séjour que j'ai fait à
Paris ; me voir rien qu'une fois ! encore est-ce
parce que j'ai été te trouver deux. Je suis toujours comme ces bons chiens qui reviennent sur le
coup, qui lèchent la main du maître qui les a
frappés... Oh ! j'en ai pensé pleurer plus d'une
fois ; mais je me suis dit : Eh bien, que feras-
tu, Sophie ? pauvre Sophie ! on peut bien bouder*

contre son ventre, mais le pourras-tu contre ton cœur ? Eh! j'ai repris tristement le chemin de ma solitude, où la consolante espérance embellit pour moi l'avenir. *Eh! comme je chante toujours, j'ai trouvé en songeant à tout ce qui m'arrive que l'air et les paroles du pauvre Jacques :* Quand j'étais près de toi, *etc., etc., convenait merveilleusement à ma situation, et c'est aujourd'hui le seul des airs que je me permette ..... Ah! pauvre bébé... tu t'en souviens :* « Tous mes jours étaient beaux! qui me rendra ces temps prospères ?... »

Eh bien, mon bébé, quoique je ne compte plus ny sur ta tête ny sur ta q....., je t'avertis que je compte, et compterai éternellement sur ton cœur : — en conséquence, je te prie de me donner en ce moment preuve d'intérêt, d'amitié bien sincère pour ta Sophie, en t'occupant un peu de ses petits intérêts : 1° pour ma maison de Clichy-la-Garenne, vendue à réméré au citoyen Germain, banquier à Paris, demeurant place des Victoires, car je ne sais pas son dernier nom. Je la lui ai vendue 24,000 francs pour trois années, mais au bout de deux, si je trouve à la revendre davantage, en lui rendant la somme de 24,000 francs qu'il m'a donnée, je rentre dans ma possession telle qu'elle est et se comporte : je voudrais en avoir 40,000 francs y compris les glaces et boiseries et tous ses agréments ! Tu sais mon ami,

que cette maison me revient à plus de 65,000 francs
par tout ce que j'y ai fait construire, et par les
bâtiments que j'y ai ajoutés, etc., etc., de sorte
que les personnes qui l'auront, n'ont absolument
que des lits et des meubles à y porter. Vois,
mon bien-aimé, à me faire dépêcher cette vente,
parce que cela me fera quelque argent dont j'ai
grand besoin, ainsi que tout le monde, je crois,
par le temps qui court. En voilà pour un ;
ensuite 2°, comme je songe à orner, à embellir
ma retraite, et à la faire valoir, je plante et sème
tant que je puis. Si tu avais quelques arbres à
me procurer, d'abord des arbres fruitiers, tels
que des pommiers nains, dit sans paradis, quelques autres aussi ; quelques poiriers, pêchers,
et puis beaucoup de petits arbrisseaux pour bosquets et parterre, oh ! tu me ferais grand plaisir.
Voilà bien des choses à la fois, diras-tu ; mais !
c'est pour t'importuner moins souvent que je te
demande tout de suite ce que j'aurais besoin ou
envie ; j'ai une terre excellente, un emplacement
charmant, tout y vient comme au jardin d'Eden.
Voilà pourquoi je commence ma demande par
des pommes, non que j'aie un Adam à tenter,
ni que je sois encore dans le cas de trouver un
Pâris qui soit tenté de me la donner ; mais on
est bien aise dans tous les temps de sa vie de
garder une poire pour la soif. Ah çà, mon
bébé, je hasarde toutes ces demandes, bien en-

*tendu que tu feras ce que tu voudras et que tu
auras tout le loisir de ton côté de mettre à néant
ma requête, non pas à tout, car tu n'as que de
la bonne volonté à mettre pour moi dans l'affaire
de la maison de Clichy, et si cela a lieu, alors
elle me mettra à même d'acquérir ce que j'aurai
besoin. Bonjour, mon bébé, mon ancien et
éternel ami : n'oublie jamais qu'il existe, dans
un coin de cette terre, un être qui t'a aimé bien
tendrement, — à la raison comme à la folie, —
et qui t'aimera jusqu'au dernier soupir de son
dernier moment. Et celle-là, c'est ta Sophie !*

*P. S. — Donne-moi de tes nouvelles, écris-
moi souvent à mon Paraclet, tu sais que la première des Héloïses n'avait besoin que des lettres
de son Abailard pour charmer ses ennuis ; c'est
elle qui dit encore à son amant que l'art d'écrire
fut inventé par l'amant malheureux et l'amante
captive, etc., etc. Allons, adieu encore, quoique
ce mot coûte à mon cœur. Si l'amour laisse
quelques moments à l'amitié, donne-les à ta
pauvre amie.*

XL

Ainsi la reine d'Opéra est devenue une quasi
paysanne, une espèce de fermière, fort amoureuse de son état, vivement intéressée au train

de la terre, occupée de la pousse des arbres et
du mûrissement de la vigne ; les yeux et l'esprit
pleins de verdure. Car ce sont, à une certaine
heure, paradis que les champs aux gens de
théâtre. Quel repos ! après ce tapage du corps,
de l'âme et des sens ! Quelle résurrection, cet
air vif emplissant les poumons usés, l'ombre et
l'azur baignant le regard brûlé, et de nouveaux
jours, égayés d'un vrai soleil, coulés dans un
monde vivant, après tant de soirs vécus dans le
mensonge de la lumière, et de la vie de la campagne ! De quelle paix, cette paix qui les entoure
berce leurs longues années, et leur mémoire
qui s'endort ! Quelles joies toutes neuves ! et
dans quelle enfance ils tombent soudainement,
charmés par l'immortelle nature !

Sophie était heureuse à la façon de ces vieux
enfants jouant à l'idylle. Il y avait un rayonne-
ment chez elle, et une sérénité dont ses lettres
gardent une lueur. Elle goûtait la solitude comme
un ami. Le silence accordait sa tête et son cœur,
et repliée sur elle, l'esprit retraité, elle allait à la
vieillesse avec le recueillement et le sourire. Rien
ne la dérangeait de ce bien-vivre ; le passé derrière elle, ce n'étaient plus que souvenirs. Paris
était bien loin, plus loin que le passé, tout là-bas.
Il n'y avait, pour rappeler le monde à Sophie,
que sa fille, cette Alexandrine, la fille de Lauraguais et un peu la fille de l'esprit de sa mère.

XLI

Alexandrine, une créature blonde jusqu'à être rousse[1], plutôt laide que belle, avec de l'esprit volontiers tourné à la méchanceté et qui n'épargnait guère sa mère.

Trouvant un matin sa mère, après une rupture déclarée, en tête à tête avec le comédien Florence[2] et Sophie lui disant : « C'est pour affaire que cet homme est venu ici, car je ne l'aime plus ! » Alexandrine répliqua : « Ah ! j'entends, vous l'*estimez* à présent ! »

Allusion au conte qui finit par ce vers :

Combien de fois vous a-t-il estimée ?

C'était encore Alexandrine à qui l'on demandait l'âge de sa mère et qui répondait : « Je n'en sais plus rien, chaque année ma mère se croit rajeunie d'un an; si cela continue, je serai bientôt son aînée ! »

Alexandrine s'était amourachée d'un petit

1. « Elle était rousse comme une vache, elle a cependant vécu avec le comte d'Artois et mylord Stuart. » (Note de l'*Arnoldiana*, annoté par Millin.)

2. La *Chronique scandaleuse*, vol. II, dit que Mlle Arnould avait aimé le comédien Florence et après quelques mois l'avait congédié avec éclat. C'est à propos de lui, proposé comme compère dans le parrainage de l'enfant d'un de ses amis, qu'elle dit « qu'elle ne le connaissait pas le jour ».

poète qui avait promené sa muse de la mère à
la fille, et qui espérait, en épousant Alexandrine,
épouser un peu de la célébrité de Sophie. C'était
André Murville ainsi pourtraicturé dans ces vers
satiriques :

> Hormis à table,
> Il est toujours au lit ;
> Qu'il est aimable
> Quand il sait ce qu'il dit !
> Mais c'est pis qu'un diable
> Pour cacher son esprit.
>
> . . . . . , ...

Sophie, qui n'avait qu'une estime très mé-
diocre pour le poète et qui disait de lui : « C'est
un ennuyeux qui ressemble à ces vieux laquais
qu'on appelle : *La Jeunesse*, » Sophie cependant
ne contraria pas le sentiment de sa fille, sentiment
qui aurait été partagé avec d'autres. Et les fiançailles étaient célébrées, et Millin qui y assistait,
en faisait d'ans une note de l'*Arnoldiana* ce curieux récit : « J'assistai aux fiançailles. Alexandrine avait pour amant le chevalier Dolomieu. A
dîner il sortit un binocle, que Murville trouva
excellent pour sa vue. « Eh bien, dit Sophie en
l'ouvrant comme deux « cornes », « garde-le. Do-
« lomieu te le donne, c'est son présent de noce ! »
Et le mariage suivait les fiançailles, un
mariage où le contrat semble marquer une certaine défiance à l'endroit du futur.

« Du contrat de mariage passé devant Al-
leaume, notaire à Paris, du 14 novembre 1780,
entre Pierre-Nicolas-André de Murville, bache-
lier en droit, demeurant à Paris, rue Traversière-
Saint-Honoré, paroisse Saint-Roch, fils majeur
de 27 ans passés, de défunt sieur Nicolas Charles-
André, intéressé dans les affaires du Roi, et
de demoiselle Jeanne Sifallier, décédée, son
épouse, contractant pour lui et en son nom
d'une part ; et Mlle Alexandrine-Sophie Arnould,
mineure âgée de treize ans et demi passés,
demeurant chez la dite demoiselle Arnould, à
ce présent et de son consentement contractante.
... Il est expressément convenu que les dits sieur
et demoiselle futurs époux ne seront point communs en biens meubles et immeubles, dérogeant
à cet effet aux dispositions de la coutume de
cette ville et de toute autre portant établissement
de communauté de biens entre mari et femme,
dans l'étendue desquelles ils pourront posséder
des biens, et par suite chacun acquittera les
dettes qu'il doit, qu'il peut ou pourra devoir,
sans que l'autre puisse en être aucunement
tenu[1]. »

Mais les défiances du tabellion n'avaient point
été poussées assez loin, et la fillette de quatorze
ans ne se doutait guère du mari auquel elle

1. *Archives nationales*, Y, 466. Contrat publié par Émile Campardon dans l'*Académie royale de musique au XVIIIe siècle*.

allait avoir affaire, ainsi que le témoignent
tristement les pièces qui suivent.

Voici d'abord la plainte portée le 19 octobre
1785, devant le commissaire Chenu qui se
transporte chez Alexandrine et la trouve relevant
de couches. Alexandrine déclare : « que depuis
qu'elle a eu le malheur d'épouser le sieur Murville elle n'a pas eu un moment de repos avec
lui. Persécutée sans cesse et sans sujet par cet
homme impérieux, elle a employé tous les
moyens possibles pour le ramener à des sentiments plus honnêtes... Il l'a plusieurs fois
frappée à la suite de scènes affreuses, au sû de
quantité de monde. Elle n'a opposé aux violences
de son mari que douceur, prévenances, et elle a
toujours patienté aux dépens même de sa santé.
Elle a éprouvé une maladie longue, provenant
des excès de son mari et des chagrins affreux
qu'elle en a ressentis; elle serait périe de misère et de faute de secours, sans l'aide et la
bonté de sa tutrice qui l'a retirée chez elle, et
en a eu tous les soins possibles, pendant onze
mois. Cette maladie a été la suite d'une scène
que le dit sieur Murville est venu faire à la
plaignante, le jour de sa première couche chez
sa tutrice, où elle était alors, et dans le moment
de l'accouchement, en lui disant sans aucun
égard pour la circonstance que ses meubles
étaient saisis, qu'elle n'avait plus de demeure,

qu'il n'avait pas d'argent, et qu'elle avait à faire
comme elle pourrait, en faisant demander dans
ses connaissances : ce dont elle fut frappée au
point qu'elle a été aux portes de la mort, et
administrée trois jours après cette scène. Son
mari a encore imaginé, pour ajouter à ses mauvais procédés, de disposer ou vendre tous les
meubles de la plaignante, après avoir vendu ou
séquestré les siens, de façon qu'il est aujourd'hui
sans asile, logé chez un ami, et elle réduite à être
venue faire, il y a environ cinq semaines, ses
couches dans la dite chambre où nous sommes,
dénuée de tout et sans savoir son sort à venir
d'après la délégation que son mari lui a fait
faire de ses rentes, étant malade et ayant besoin
de prompts secours pour se garantir de la perte
d'un œil, où son mari l'a blessée considérable-
ment au risque de la tuer... »

Dans une autre plainte, de l'année 1786, où
elle se plaint que son mari ne lui donne pas un
sol pour manger et ne veut pas payer les mois
de nourrice de leur enfant, elle « déclare qu'il y
a environ une heure, le sieur Murville sans
motif raisonnable lui a fait une scène affreuse
l'a traitée de sacré g...., de coquine et de b.....
dont il était bien las, qu'il la f..... à la porte. Elle
a d'abord patienté en ne lui répondant point,
mais sur ses menaces réitérées de l'assommer,
menaces accompagnées de plusieurs coups de

poing et de pied, elle lui a représenté qu'il
avait été mal à lui d'empêcher sa demande en
séparation, et de l'avoir tant priée de revenir
avec lui pour la traiter aussi mal et sans sujet;
qu'au surplus elle verrait, quand il ferait jour, à
lui donner satisfaction et à prendre un parti,
« Tu me raisonnes, je crois, a-t-il-dit, sacrée g....
« f...-moi le camp tout à l'heure, » l'a saisie
violemment par le bras droit et avec tant de
force qu'elle en a la marque rouge, ainsi qu'elle
nous l'a fait apercevoir, et la lèvre supérieure
enflée, ce qu'elle nous a dit provenir des coups
de poing qu'il lui a donnés, et l'a mise à la porte
à une heure du matin[1]... »

Et la même année, la malheureuse Alexandrine,
ainsi que l'atteste cette lettre datée du 26 janvier 1786, est réduite à demander à entrer à
l'Opéra, comme en un refuge, *comme en un
lieu d'asile*, où elle espère échapper aux fureurs
et aux mauvais traitements de son mari.

« Monseigneur,

« Alexandrine-Sophie Arnould vous supplie
humblement de lui accorder votre agrément
pour être admise en qualité de chanteuse dans

1. Ces deux plaintes tirées des Archives nationales (Y, ii,
600 et Y, ii, 602) ont été publiées par Émile Campardon dans
l'*Académie royale de musique au XVIII* siècle*.

les chœurs de l'Opéra. Son état de femme du
sieur de Murville ne peut être un obstacle à
l'engagement qu'elle offre de prendre; mariée à
l'âge de treize ans, elle n'a connu depuis cet
instant que le malheur. Sévices, mauvais trai-
temens, injures atroces, il n'est rien que le sieur
de Murville n'ait épuisé contre elle, et il l'a enfin
réduite à la triste nécessité de rendre différentes
plaintes contre lui.

« Mais le motif prédominant de la suppliante
est l'état d'indigence et de misère où l'a réduite
la conduite de son mari.

« Il n'a aucuns parens à Paris. Il ne pourroit
pas même y nommer un ami. Le peu de fortune
qu'il avoit, il l'a consommé dans les tripots de
jeu; ses meubles, saisis, ont été vendus; actuellement il vit en hôtel garni, où il force la suppliante qu'il avoit d'abord chassée de sa maison
d'habiter avec lui; on conçoit bien que ce n'est
pas par tendresse. C'est pour jouir du peu de
revenu de la dot de la suppliante, de manière
que, privée de ce modique revenu, elle est réduite
à manquer d'habits, de linge, souvent de pain,
et le dit sieur de Murville a même la dureté de
lui défendre de recevoir les secours que la tendresse de sa mère lui a offerts plusieurs fois.

« Une telle situation rend tout permis, et la
suppliante ose espérer que le ministre auquel
elle a l'honneur de s'adresser, sensible à son

malheureux sort, ne lui refusera pas la seule ressource qu'elle puisse trouver dans sa position[1]. »

Heureusement que le divorce avait eu le bon esprit d'advenir, en sorte que la citoyenne, ci-devant Murville, venait souvent promener jusqu'à Luzarches sa liberté et son veuvage.

XLII

A BELANGER

Du Paraclet Sophie, ce 3 ventôse, année 3ᵉ de la République française, une et indivisible (21 février 1795).

Enfin, voilà donc une réponse de mon bel ange, ou pour m'exprimer selon mon cœur, des nouvelles de mon ami; me voilà donc encore une fois heureuse dans ma vie. Votre lettre, mon ami, m'a fait éprouver toutes les sensations, et vous vous doutez bien du rang où je les place; après la peine, le plaisir. Comment, mon bien-aimé a tant souffert!... ils t'ont ruiné, mon bel ange; ils t'ont volé, incarcéré, et marié!... Mon ami, moi je ne le suis pas, et peu s'en faut cependant que je n'aie éprouvé les mêmes tourments, les mêmes persécu-

1. *Archives nationales*, Ancien régime, O¹ 634. Lettre publiée par Adolphe Julien dans l'*Opéra secret au XVIIIᵉ siècle*.

*tions; ils m'ont ruinée aussi, ils m'ont fait des
visites révolutionnaires*[1]*; ils auraient été aussi
jusqu'à l'incarcération, si je n'eusse été réclamée
par les habitants de ma commune : mais ces derniers ont bien voulu dire tant de bien de moi,
qu'ils ont respecté ma personne et ne se sont jetés
que sur la fortune*; mais à quoi sert le bien à
qui n'a besoin de rien ? *Au demeurant comme
j'en ai bien long à te raconter sur tout cela, je
me réserve pour te le dire de vive voix, si j'y
pense encore, car je crois que le plaisir de te voir
me fera oublier tous mes malheurs, toutes mes
vicissitudes, etc. Enfin nous en voilà quittes
encore une fois, il faut espérer que ce sera la
dernière, et que nous n'aurons plus ni tyrans, ni
ministres à combattre : on a longtemps parlé de
la bête du Gévaudan; mais on parlera longtemps
encore, je crois, de l'animal féroce dit* Robespierre! *Allons, tâchons d'oublier toutes ces horreurs ; cela sera difficile à mon cœur, puisque
j'ai à regretter une de ses victimes qui m'était
chère... ton ami, ce malheureux d'Hénin ; je ne
sais si je le pleurerai longtemps encore ; non.*

---

1. « T'as Marat, tu es bonne citoyenne! » dirent un jour les
agents du Comité révolutionnaire de Luzarches, prenant le
buste de la chanteuse dans l'opéra d'IPHIGÉNIE, avec son écharpe
en travers de la poitrine, pour le buste de Marat. C'est aussi
dans une de ces visites que Sophie dit le mot : « Mes amis, j'ai
toujours été une citoyenne très active et je connais par cœur
les droits de l'homme ! »

mais je promets bien de ne l'oublier jamais.

Allons, changeons de matière, tu ne sais ni où je suis, ni comme je suis. Eh bien! il faut que je t'en fasse ici le détail; d'abord mon habitation est un ci-devant couvent de moines (qui aurait été fort du goût de notre célèbre Ninon). Mais mon couvent, sans moines, ne lui aurait peut-être pas tant plu qu'à moi, tel qu'il est : je ne suis pas dans une commune merveilleuse pour la société, car elle est nulle ici, mais j'y suis dans une retraite charmante et qui serait devenue un délice, si j'avais pu y finir les travaux que j'y avais commencé, mais ils m'ont démonétisée... L'ami Cambon m'a, par ses opérations algébriques, coupé bras et jambes, si bien que j'ai une maison qui n'a que la carcasse, et qui attend portes et fenêtres pour quand il plaira à Dieu de m'en rendre les moyens; mais quant à présent, me voilà à peu près comme le fils de Dieu fait homme, je n'ai pas où reposer ma tête, c'est-à-dire pourtant que je me suis campée provisoirement dans une manière de chenil que je nomme ma maison, j'ai fait construire dans le colombier de mes anciens moines une chambre où tient un châlit, une table, une chaise, etc., voilà où je gis. Mais en revanche j'ai un beau parc contenant tout ce qu'il est possible de désirer pour l'agrément et le besoin; un superbe potager, une vigne, qui cette année m'a rendu dix muids de vin, une

*futaie, un bois, un verger, un canal très bien
empoissonné, des bosquets, bon air, belle vue, bon
terrain, voilà la quatrième année que j'y suis,
et que j'y reste dans la plus grande solitude, eh
bien! je n'y ai pas éprouvé une seconde d'ennui,
tant tout ce qui m'environne est varié; j'ai fait
bâtir d'abord, et puis* le combat finit faute de
combattants *pour cette partie. Mais j'ai fait
planter, déplanter, semer, semer et j'ai récolté;
puis j'ai une basse-cour, mes courtisans y sont
assez nombreux : poules, coqs, dindons, cochons,
moutons, lapins; j'avais aussi des pigeons, mais
la cherté de leur nourriture m'a fait renoncer à
ces derniers; quand j'aurai du terrain de libre
pour leur faire de la nourriture, eh bien! j'en
aurai encore, car tout cela est de ressource, et il
y a beaucoup à profiter avec ces beaux esprits-là,
lorsqu'ils sont à notre table : là, ils ne vous con-
trarient pas. J'ai tout oublié du beau monde et
de ses usages, tu le vois, mon ami, il y a si
longtemps aussi que je vis comme une sauvage,
qu'à peine puis-je me rappeler le langage des
humains. Ah! si je n'avais ma fille, qui quelquefois vient me tirer de ma léthargie, je crois que
j'aurais oublié à parler ma langue; mais à propos
de ma fille, c'est toujours un drôle de corps;
toujours de l'esprit, et de tous les esprits; tu sais!
elle est divorcée d'avec Murville! elle s'est rema-
riée ici, avec un gros beau jeune homme, le fils*

*du maître de poste de Luzarches[1]. Enfin, c'est
fait ; tu sais que pourvu qu'elle soit bien la nuit,
elle s'embarrasse peu des formes, le jour. Ce mari-
là devait lui convenir tout aussi peu qu'à moi ;
mais elle l'a voulu, elle l'a pris. A propos de
mari, tiens, tu peux bien savoir à peu près ce
qu'il est, celui-là, car il y a un jeune homme
qui a été dessinateur chez toi qui vient d'épouser
sa sœur ; c'est un nommé Lépine, architecte : il
a fait pour lui un assez bon mariage à tous les
égards ; sa femme est la plus douce et la meilleure créature du monde, et puis elle est assez
riche, d'autant que tout son bien est en fonds de
terres, et que les terres sont aujourd'hui d'un
prix exorbitant. Allons, oh ! pour le coup, voilà
une trop longue lettre, et cependant je ne t'ai
pas dit la centième partie des choses que j'aurais
à te communiquer, car j'ai à te parler de cent
mille choses ; j'ai cent questions à te faire sur ta
position actuelle, sur la suite de tes infortunes...
tes besoins ! que sais-je ! N'attends pas de moi de
belles phrases, sur tout cela mon cœur n'est
qu'une bête ; mais retiens bien, mon ami, que si
de nous deux, c'est moi qui suis la moins infortunée, tu as droit au partage de tout ce que je*

1. Sophie avait été opposée à cette seconde union, et disait
à une personne, qui vraiment défendait avec une certaine justice Alexandrine : « Le divorce n'est que le sacrement de
l'adultère ! »

possède ; je n'ai oublié ni le temps passé, ni tes bonnes qualités, ni tes vertus ; il est bien juste que celui qui a toujours été bon fils, bon frère, bon parent, bon ami, trouve aussi des bons cœurs, et celui de ta Sophie est, a été, et sera tien, jusqu'à la dernière heure.

Peu de moments, mais je n'irai qu'une minute à Paris et qui sera pour te voir et embrasser ; le premier qui en aura le loisir ira visiter l'autre ; si je vais, moi, ce ne pourrait être que pour mille choses. Mille amitiés, mille remerciements à ta femme de son offre obligeante, j'en userai au n° 21. »

XLIII

Et voici la spirituelle et raillarde lettre de Belanger, à laquelle Sophie répondait, — lettre qu'un hasard providentiel nous a conservée[1] :

« Que de choses se sont passées, bonne Sophie,

---

1. Cette lettre a paru dans l'*Autographe,* publié par MM. Villemessant et Bourdin, où elle a été fac-similée d'après l'original faisant partie de la collection de Mlle Déjazet.

La lettre est curieuse en ce qu'elle donne l'explication de la longue et persistante liaison de Sophie Arnould et de Belanger. On sent entre les deux amants le lien et comme le mariage de la blague d'atelier et de l'esprit de coulisses. Elle a encore un intérêt, cette lettre, par la peinture saisissante qu'elle trace du tohu-bohu, du désarroi, de la ruine, apportés dans les fortunes et les existences particulières par la terrible année 1793.

depuis que nous nous sommes vus! Je suis
quelquefois tenté de dire comme ce catholique
qui rendait *compte de son traitement à son
médecin!* et qui disait : « Ils m'ont donné l'émé-
« tique, l'Eucharistie, l'opium et le viatique dans
« la même journée ; en vérité, ils m'ont traité
« comme un cheval ».

« Pour moi, ils m'ont ruiné, volé, incarcéré,
marié, en me disant qu'ils me traitaient en bon
républicain ; peu s'en est fallu que je n'eusse
pas la possibilité de les remercier de toutes ces
bontés, car ils m'avaient enterré dans un des
caveaux du cachot de Pélagie, comme une fille
de mauvaise vie.

« Le plus grand désespoir était que je me
crusse toujours dans le meilleur des mondes,
l'ami des concierges, des guichetiers, des chiens ;
je l'aurais été, je crois, des bourreaux, si je les
eusse connus en détail. A peine échappé et par
miracle aux exécuteurs des *hautes*-œuvres, je
me suis trouvé livré, en rentrant chez moi, aux
exécuteurs des *petites* œuvres : un gardien
fidèle avait tout volé ; des huissiers avaient tout
pillé, tout cassé, pour voir où je cachais mes
joyaux et mon *numéraire*, deux genres de propriété qui m'ont toujours été inconnus. Je crus
trouver quelques secours dans mes amis : les
deux tiers avaient eu le col coupé ; l'autre tiers,
embêtifié ou paralysé de peur, au lieu de défendre

mes intérêts devant les tribunaux, disait qu'ils n'avaient jamais osé s'intéresser à un détenu comme moi.

« Je me suis donc mis moi-même à la tête de mes affaires, et je crus qu'ayant tout perdu je serais au moins libre de mon temps ; mais le Comité de sûreté générale, ayant appris que j'étais un artiste désintéressé que la révolution avait ruiné, qui n'avait jamais eu de grâces à la cour, dont la charge était tombée en déchéance, *faute de quittance de finance*, que pendant ma détention j'avais donné des mémoires instructifs sur les Arts, que j'avais commenté l'ouvrage du philanthrope Howard sur les prisons, me nomma (sans que je puisse refuser) membre du comité civil de ma section, pour faire distribuer le porc frais, la chandelle, la viande, l'huile, le pain, le bois, etc., et par-dessus tout faire les enterrements ; tout cela à raison d'un écu par jour, en travaillant depuis sept heures du matin jusqu'à onze heures du soir, de manière que je suis tenté de demander, à titre de service, qu'on veuille bien, puisqu'on a décrété la liberté, me remettre en prison, pour que je puisse au moins être un peu libre.

« Voilà, ma bonne Sophie, un petit essai sur ma vie politique, depuis que nous nous sommes vus. J'oubliais de te dire que depuis que Trial m'a fait signer sur un registre timbré municipalité, quand j'arrive dans une maison qu'on appelait autrefois château, au lieu de préparer pour moi et ma compagne deux chambres, il n'y a plus qu'une chambre et qu'un lit ; au surplus, le papa Lauraguais, qui est venu me voir, et dont le silence m'inquiète un peu depuis son départ pour Manicamp, m'a dit, en se frottant le col, que 100 philosophes nous ayant traité comme cela amicalement, l'un et l'autre, nous n'avions pas lieu de nous plaindre : ce qui fait, comme tu vois, ma bonne amie, que je prends mon parti assez gaîment, et que je ne me plains pas tristement par des jérémiades qui n'aboutiraient à rien.

« Je n'ose te parler de ta fortune, parlons au moins de ta santé, de ta fille et de tout ce qui t'intéresse.

« Au surplus, je suis obligé de te quitter pour quelques instants, car on m'emmène pour affaires. Sous peu de jours je reprendrai le cours de ma conversation.

« Salut, santé, et pas trop d'appétit[1].

« BELANGER.

« Paris, ce 27 nivôse l'an 3ᵉ (16 janvier 1795). »

---

1. Cette lettre est à rapprocher de la pétition de Belanger, insérée au *Moniteur* du 22 octobre 1794.

Le 30 brumaire an III (20 novembre 1794), Belanger se présentait à la barre de la Convention, et y donnait lecture d'une pétition par laquelle il se plaignait de ce que le Comité révo-

XLIV

Du Paraclet-Sophie, an 3. 3 floréal (22 avril 1795).

Eh bien, mon bel ange, vous vous croyez donc quitte de moi pour me répondre. Oh! que je ne tiens pas comme cela mes amis quittes envers moi, à si bon marché! Je vous ai écrit pour deux, et je veux deux réponses, une de toi et de ta compagne. Et puisqu'elle s'est érigée ta garde-malade, il faut qu'elle remplisse tous les devoirs de son état, il faut qu'elle ait la bonté (dont elle a si bonne dose dans le cœur) de me donner de tes nouvelles; je dirais bien et des siennes aussi, mais je lui ai trouvé si joli visage, que je crois d'elle, comme dit la chanson de Beaumarchais : beau, c'est-à-dire bon. Ma foi, mon bel ange, tu n'es pas changeant, tu n'en as pas de prétexte, car celle que tu aimes est toujours la même, sans compliment encore; allons, donne-moi de ses nouvelles, prie-la de me donner des tiennes, et nous serons tous trois heureux; pour moi, si je ne suis pas morte de faim, après ce temps-ci, oh!

lutionnaire de la section de Robespierre et celui de la section des Piques, en vendémiaire an II, s'étaient emparés de sa maison, dont la valeur et le produit formaient toute sa fortune, et en avaient chassé les locataires, pour en faire une petite Bastille à leur convenance, désignée sous le nom de Prison des Anglais.

*je vous écrirai jusqu'à vous ennuyer peut-être.
Nous mourons de faim ici, parce que nous
sommes environnés de scélérats, car il y a du blé
pour plus d'une année, bien loin d'en manquer
par famine. Enfin j'ai été refusée de 1,500 francs,*
pour un septier de farine, *ils ont si mauvaise
volonté qu'ils refusent même du numéraire ; ils
veulent faire mourir de faim absolument et ôter
toutes les ressources. Le commerce à présent n'est
qu'un brigandage effréné, c'est à qui pis fera.
Les fermiers, les meuniers, les boulangers et voire*
même les bouchers, *sauf l'estime que j'ai pour
le représentant Legendre, tout cela sont des
gueux, des scélérats, qui n'ont ni foi ni loi, qui
n'ont rien de sacré et qui sont des Judas de nature.
Pauvre République ! J'enrage de colère de voir
tant de scélératesses. Eh bien ! ne me voilà-t-il
pas en colère comme Gilles, moi qui ne vois personne, et qui n'ai jamais voulu me mêler de
rien que de planter mes choux, les fricasser et
les manger, car je suis devenue le* maître Jacques
*de ma maison ; aussi Dieu sait quelle maison !
heureusement que je ne suis pas sur ma bouche
et, comme disait le pauvre Favier, que je n'ai pas*
mon tempérament dans les asperges ! *car je
serais mal nourrie. Enfin, tout cela se passera.
Ce qui est immuable, que le temps, l'absence et
tout ce qui a changé, n'a jamais atténué, c'est la
tendre et constante amitié de votre Sophie.*

« *Allons vite! de vos nouvelles, monsieur et
madame, ne me faites pas languir, car bientôt
peut-être partirai-je pour le* grand voyage, *ce
départ éternel...*

« *Bien des amitiés de ma part à Bougainville,
j'aime toujours ce petit polisson de collège ou
d'école.*

« *P. S. — Tu m'as promis des graines, ne
m'oubliez pas, mes amis, car je vais toujours
plantant!*

« *A propos de planter, je ne l'ai pas dit qu'un
nommé Lépine, que je crois avoir vu dans un
coin de tes ateliers et chez toi, a épousé la sœur
du* plus nouveau de mes gendres, *remarque bien
que je ne dis pas le dernier... parce que dame
Alexandrine peut en ordonner autrement, c'est
pourtant un assez bon enfant... Ah! tu sais que
ta ci-devant femme, quant à ce qui est d'ça,
n'aime à bouder ni contre son ventre ni contre
son bas-ventre.*

*J'embrasse ta femme ; si ce baiser lui semble
de la viande trop creuse, qu'elle te le rende, tu
lui en donneras un autre.*

XLV

De dures années, que ces années du Directoire
pour les pensionnaires et les rentiers, et tout

l'an V, Sophie Arnould a la plume à la main,
sollicitant le ministre, les amis.de l'Excellence
républicaine, les bureaux, pour se faire régler
sa pension et arracher un peu d'argent aux
caisses vides de l'État.

*« Sophie Arnould, artiste de la ci-devant Aca-
démie de musique, devenue le théâtre des Arts.*

« Au citoyen ministre des arts.

*« Je suis depuis plus de trois mois à Paris, où
je sollicite vainement la liquidation des deux
pensions de retraite gagnées et obtenues plus de
douze années avant notre révolution : ce qui
incontestablement fait titre de propriété pour
moi, sans mes autres droits, dont vous êtes déjà
instruit par le nombre de réclamations faites à
ce sujet.*

*Les deux pensions de retraite que je réclame,
citoyen ministre, sont le résultat d'engagements
formels et mutuels entre le gouvernement d'alors
et moi : c'est le fruit de mes études, de mon
travail, de mes talents, c'est donc mon bien,
comme les autres rentes que j'ai sur le gouvernement. Pensions ou retraites sont un dépôt que
j'ai confié au gouvernement, pour trouver au
besoin de quoi achever ma vie, et alors, ou je
m'abuse, ou tout ce qui tient à la foi publique*

*doit être garanti par l'éternelle équité. La forme
d'un gouvernement peut changer — nous l'éprouvons ce changement, nous autres Français, pour
notre bonheur ; — mais il cesserait d'être un
bonheur, si tout ce qui tient à la foi publique
pouvait changer également. Mais je me rassure
en voyant votre nouvelle constitution fondée sur
les droits de l'homme et garantissant à tout
citoyen français « sûreté pour sa personne et ses
propriétés ». Je fais partie de sa nombreuse famille,
citoyen ministre, et j'ose dire que je m'en suis
rendue digne sous tous les rapports possibles.*

*« Je demande donc au nom de la loi, de
l'équité, de la justice, que mes pensions de retraite
qui font partie de mon revenu, qui sont mon bien,
soient assimilées aux rentes viagères et sans plus
de restrictions...*[1]

« Le 25 germinal, 5ᵉ année républicaine (14 avril 1797). »

Le 3 juin de la même année, elle écrivait à un
ami, peut-être à Guinguené, chargé par elle de
travailler le ministre ; elle lui reprochait d'oublier
la solitaire du Paraclet-Sophie : cette Arnould,
autrefois (d'après le dire d'un de nos poètes au
moins) seule déesse au théâtre des Dieux[2].

1. Lettre autographe signée, faisant partie des *Archives nationales.*

2. Lettre autographe signée, faisant partie des *Archives nationales.*

Le 13 juillet, c'était encore une nouvelle lettre relative à la même affaire, terminée par ce post-scriptum :

« *Comme je fermais cette lettre, je reçois de vous celle qui donne entrée au fils de Murville à l'École nationale de Liancourt, et je vous en remercie de tout mon cœur, de toute mon âme, de toutes mes forces, puisque c'est trois heureux que vous faites : le père, le fils et moi. Je vous préviens que ma reconnaissance ne tiendra pas quitte Murville de celle qu'il vous témoignera. Mais il est à l'armée des Pyrénées, où il fait feu des quatre pieds contre les ennemis de notre chère patrie. Peut-être la paix que l'on nous promet pour bientôt, va-t-elle le ramener en ses foyers, je le désire bien fort à tous égards. Mais il me semble pourtant que la prétraille et la canaille ne veulent pas nous laisser la paix, et qu'ils voudraient nous susciter une guerre de religion. Notre commune ressemble déjà à une petite Vendée[1].* »

Quelques jours après, Sophie Arnould s'adressait de nouveau au ministre, dans une lettre où elle crie misère avec une bonne humeur charmante :

1. Lettre autographe signée des *Archives nationales.*

« *Au citoyen ministre de l'intérieur.*

« *Je conçois que la multitude et l'importance des affaires dont vous êtes journellement accablé, vous aient fait oublier la mienne : mais comme il est un terme à tout pourtant, je désirerais que justice se fît en ma faveur, relativement à la liquidation de ma pension de retraite tant du théâtre lyrique que de la liste civile sur le même objet. A quoi cela peut-il tenir aujourd'hui qu'elle est prouvée, attestée par toutes les autorités possibles, que j'ai veilli, blanchi, rougi même pendant trente années sous le harnais lyrique.*

Que je chantais ne vous déplaise !

Je vous prie d'observer qu'au titre de pensionnaire non liquidée *de la nation, je ne puis y ajouter que celui de rentière non payée, et que ces deux adverbes joints font vivre d'indignation et mourir de faim. C'est dans cette position où je suis, qu'il me reste à peine la force de me dire très fraternellement,*

« *Citoyen ministre, votre affectionnée concitoyenne.*

SOPHIE ARNOULD.

« *A Luzarches, ce 8 messidor an V*ᵉ *de la république française* (26 juillet 1797). »

1. Lettre faisant partie des *Archives nationales*. Elle porte la souscription du citoyen Leblond.

8

XLVI

A BELANGER

Du Paraclet-Sophie, 14 brumaire an V
(14 novembre 1797).

*Comment, il est Dieu possible, mon bel ange,
vous, le meilleur comme le plus ancien de mes
amis, que je sois malade comme je l'ai été, aussi
gravement, aussi dangereusement depuis quatre
mois, et plus, sans avoir entendu parler de vous,
sans en recevoir la plus petite marque d'intérêt,
d'amitié! Je ne l'eusse jamais cru, si je ne venais
de l'éprouver. Ah! que votre cœur a de reproches
à se faire!... Voilà donc les amis de ce monde!...
Aussi pendant les trente-cinq jours où j'ai eu
pour compagne de ma couche cette hideuse qu'on
appelle la Mort, eh bien! je n'ai eu aucun regret
de penser à la suivre... Je viens de faire un
apprentissage qui m'a prouvé qu'il était plus
difficile de vivre que de mourir, mais par exemple
ce que j'ignorais, ce sont les maux occasionnés
par une fièvre — putride, bilieuse et maligne;
et c'est ce que je sais actuellement. M'en voilà
quitte, Dieu merci, aux forces près, qui sont
encore bien faibles, car je puis à peine marcher;
il y a quelques jours que j'ai voulu me traîner*

jusqu'à la porte du jardin pour humer l'soleil *d'la nature, oh ! il a fallu me rapporter bien vite dans ma cahute, qui contient neuf pieds carrés, que j'ai encore bien de la peine à parcourir ; cela reviendra peut-être, mais la saison où nous sommes n'est pas trop favorable aux convalescents.*

J'ai une grande consolation, c'est l'intérêt tendre et actif que le bon père Poupard a pris à mon état ; j'ai retrouvé en lui le cœur de Dorval et la générosité du comte Lauraguais ! cependant le pauvre diable est dans une furieuse gêne, je le sais, rien de ses affaires ne finit, et il y a encore le séquestre sur ses revenus, etc.

J'ai à joindre à cet excellent ami, l'ami Darcet, François de Neufchâteau, Mirbeck, la citoyenne La Chabaussière, parents et autres, qui m'ont donné preuve d'intérêt, et qui m'entourent de soins extrêmes. Mon fils aîné[1] *m'avait amené*

---

1. Sophie Arnould avait eu, nous l'avons déjà dit, du comte de Lauraguais trois enfants : deux garçons, dont le cadet, Constant Dioville de Brancas, d'abord abbé, fut le glorieux colonel du 11e de cuirassiers, tué à l'affaire de l'île de Loban, et une fille qui épousa le poète Murville. Le fils aîné de Lauraguais qui, je crois, eut des enfants, et qui figure au baptême de l'enfant de Mlle Viehl, l'amie de Sophie Arnould, sous le nom *de Veterville*, ce fils nommé par les uns *Merville*, par les autres *de Berreville*, ce fils, répétons-le, de Lauraguais, Sophie Arnould eut-elle le talent d'en faire accepter la paternité par le prince d'Hénin ? Je reçois à ce sujet une lettre piquante. M. Lambinet, juge d'instruction à Versailles, faisait réparer son hôtel en 1869, lorsque, dans une chambre du rez-de

un médecin de Paris, mais je m'en suis tenue à celui de mon village, un vrai Sganarelle, chan-

chaussée, on découvrit une cachette. Le trésor était des papiers. Grande déception et très mauvaise humeur des maçons qui les déchirèrent. Des fragments rassemblés et ramassés par le propriétaire, deux jours plus tard, il résulte que le prince d'Hénin avait accepté la paternité d'un fils de Sophie Arnould, qu'il lui avait donné le nom de Berreville, qu'il l'avait placé à l'École de marine de Saint-Malo, que le jeune homme avait pris quelques coquillages dans la chambre d'un camarade, qu'il avait été mis en quarantaine pour ce fait, qu'il avait provoqué en duel ses camarades qui lui avaient répondu qu'ils ne se battaient point avec un bâtard de Sophie Arnould. Là-dessus, lettre de Berreville au prince d'Hénin, enquête, procès-verbal et envoi à Saint-Malo d'un homme de confiance qui assoupit l'affaire.

Au dernier moment, sur ces deux fils de Sophie Arnould et du comte de Lauraguais, M. Dentu me communique un curieux acte tiré de sa collection d'autographes. Le 8 avril 1786, la demoiselle Madeleine-Sophie Arnould, sur la demande de Camille et Antoine-Constant, ses enfants naturels, sollicitant la reconnaissance de leur état civil, fait la déclaration suivante par devant Provot et Duclos, notaires au Châtelet de Paris. Elle se dit la mère d'Auguste-Camille et d'Antoine-Constant, nés de sa liaison avec le comte de Lauraguais. Elle requiert que l'acte baptistaire d'Auguste-Camille, inscrit sur les registres de la paroisse Saint-Sulpice, à la date du 28 août 1761, soit réformé et qu'à la place de ces mots : *fils de Jean de Lorval* (serait-ce Dorval), *bourgeois de Paris*, il soit substitué : *fils de Louis-Léon-Félicité de Brancas C... de Lauraguais, et* qu'à la place de celui de *Marie*, nom donné à la mère, soient substitués ceux de *Madeleine-Sophie*, qui sont les véritables noms de baptême de ladite demoiselle Arnould.

Elle requiert également que dans celui d'Antoine-Constant, inscrit à la paroisse Saint-Roch, à la date du 17 octobre 1764, à la place de *fils de père inconnu*, soit substitué : *fils de Louis-Léon-Félicité de Brancas C... de Lauraguais*, et qu'au lieu du nom de *Lorval* donné à la mère soit substitué à celui d'Arnould.

Dans un acte daté du 8 mars 1785, ces deux fils, nommés, l'aîné Auguste-Camille de Bennerville, le cadet Antoine, abbé

tant toujours bouteille ma mie, *et ne la quittant que rarement ! N'importe, il m'a bien saignée, bien traitée, bien guérie, et peut-être un médecin de Paris ne m'aurait-il pas tirée aussi bien d'une maladie aussi compliquée et aussi grave. J'oubliais d'ajouter au mérite de mon Esculape, qu'il est fou à toutes les nouvelles lunes, mais fou, bien fou pendant toute sa durée, ou quatre jours au moins. Eh bien ! tout cela n'y fait rien ; est-il question de son art ? il reprend toute sa raison ; c'est le plus grand botaniste que l'on connaisse, et il n'a employé que des simples pour ma guérison, mais il a, je crois, les secrets de la nature dans ce genre.*

de Lorval, ces deux fils avec la nommée Alexandrine-Sophie, également désignée dans cette acte comme un enfant de la demoiselle Arnould et du comte de Lauraguais me semblent représenter à eux trois toute la descendance de Sophie Arnould. Je serais même tenté de voir dans cette Alexandrine-Sophie, devenue la femme du poète Murville, la fille dont les cancans du temps font le prince de Condé père. Sophie Arnould, qui semble avoir voulu gratifier le prince d'Hénin d'un peu de paternité dans la naissance d'Auguste-Camille de Bennerville, n'aurait-elle pas voulu donner également deux pères à Alexandrine-Sophie ? L'hypothèse est d'autant plus admissible que je trouve ces détails dans un acte où Sophie Arnould se désiste de l'usufruit de 1,500 livres de rente sur la tête de chacun de ses trois enfants, faisant les deux tiers d'une rente de 4,500 livres constituée par François de Bourbon. D'après cet acte, ce ne serait pas un Bourbon-Condé qui aurait été l'amant de Sophie, mais malgré ses dénégations rapportées plus haut un Bourbon-Conti, sans doute Louis-François-Joseph de Bourbon, prince de Conti, né le 1er septembre 1734.

*Adieu, mon bel ange, en voilà assez de dit
pour une pauvre fille, qui par sa faiblesse ne
fait que difficilement usage de ses membres, et
qui a la tête encore étonnée par la maladie et la
diète et ce qui s'en suit, je ne vous aime ni ne
vous embrasse de toutes mes forces, car ce serait
trop mal vous exprimer combien vous est et vous
restera tendrement attachée votre bonne Sophie.*

*P. S. Ne m'oubliez pas auprès de votre char-
mante et aimable compagne, quoique je sois sensible à l'oubli qu'elle a fait de sa meilleure et
plus ancienne amie ! Elle aurait dû penser pourtant — qu'étant* coiffée d'elle *comme je le suis,*
ça me ferait bien de la peine. A propos de *coiffure,
ah pardienne va, j'ai de beaux cheveux actuellement, si tu me voyais tu dirais bien* la v'la donc
c'te belle *!... maigre comme une arête, pâle comme
la Mort ! Ah mon bon Dieu ! ce que c'est que de
de nous !... le beau plaisir que de vieillir, sans
avoir plus à compter sur printemps, plaisirs, ni
amours... A propos de tout cela, dis à mes bons
amis de ce bon temps, Bougainville, Sainte-Foy,
Moyreau, etc., etc., que la bonne Sophie est
encore heureuse par le souvenir qu'elle conserve
d'eux, et qu'elle les embrasse avec son vieux
visage, d'un cœur toujours jeune et qui ne vieillira
jamais en amitié, comme en tendresse : sentiment qui me fait croire bien fortement à l'im-*

mortalité de notre âme, et que lorsque nous mou-
rons ce n'est que pour changer de coque comme
les vers à soie.

XLVII

Dans cette lettre, Sophie mentionne avec reconnaissance le nom de François de Neufchâteau, à
qui elle devait ou allait devoir une pension de
2,400 livres et un logement à l'hôtel d'Angivilliers. La première entrevue ne promettait pas
si bien, et s'il veut juger du style de Sophie
tenant le « burin de l'histoire légère », — c'est
une de ses expressions, — le lecteur n'a qu'à
lire cette philippique écrite sur l'heure, et que
nous trouvons annexée aux Mémoires de Sophie :

« François de Neufchâteau, dont les dernières
années furent si brillantes, fut un petit person-
nage à son début. Ce jeune garçon, fils d'un
pauvre propriétaire du pays des Vosges, s'échappa
des mains de ses parents pour aller saluer à Fer-
ney le glorieux patriarche de la littérature. Vol-
taire, accablé et jamais rassasié de ces sortes
d'hommages, trouva charmants, c'était son terme,
les méchants vers de ce jeune homme et, comme il
avait l'air de vouloir s'établir dans son hermitage,
le malin vieillard lui conseilla de se rendre au

plus tôt dans la capitale du monde littéraire, où il lui promit les plus grands succès.

« Le jeune François, qui n'osait se mettre en route, sans passeport, le supplia de lui accorder quelques lignes de recommandation auprès d'une ou deux personnes marquantes. Le poète, pour se tirer d'affaires, lui donna quelques mots pour une duchesse qu'il savait morte et un petit quatrain pour moi[1]. François, assez mal vêtu et d'une tournure villageoise, vint me rendre ce quatrain, auquel il joignait ses civilités. Sa gaucherie n'était pas incurable, car il avait un très vif penchant pour les femmes et pour les femmes de théâtre surtout. Nous reprîmes ce jeune talent en sous-œuvre, et j'en décidai la reconstitution ; je lui appris (en assez peu de temps) des quantités de choses, et je le dégoûtai, à force de moqueries, de ces fadeurs insignifiantes et de ces phrases de longue haleine dont le ridicule ne l'avait pas encore frappé ; son accent montagnard et sa voix bruyante blessaient mon oreille : je lui appris d'abord à se taire, et quelque temps après à parler bas. Il mit, de temps en temps, des essais plus ou moins parfaits aux Concours

---

1. M. François de Neufchâteau publia à l'âge de treize ans un recueil de poésies ; sa grande jeunesse et la vivacité de son esprit lui ayant acquis de puissants protecteurs, il vint se fixer à Paris et Mlle Arnould voulut être son Mécène. (*Arnoldiana*, Paris, 1813).

*annuels de l'Académie française et des provinces.
Il remporta des prix et me fit hommage de ces
médailles académiques, me déclarant à moi-même
que nous remportions ces prix-là en commun.*

*« Ma jeunesse s'éloignait à grands pas, la
sienne était à sa floraison. Il osa soutenir qu'il
m'aimait, et mon bon sens n'en voulut rien croire ;
il me protestait alors que je lui faisais injure :
la suite a bien prouvé qu'il n'était qu'un menteur
et que j'avais plus d'esprit encore qu'il ne m'en
croyait.*

*Lorsque la Révolution éclata, François de Neuf-
château, qui avait adressé tant d'hommages flat-
teurs et tant de madrigaux parfumés à toutes
les grandeurs humaines, fut des premiers à
prendre parti dans la révolte et n'encensa plus
que la Liberté et Égalité. Sous le règne sanglant
de la Terreur, il adresse une Épître démesurée
au farouche Robespierre, qui tuait de préférence
les nobles et les savants. Cette conduite déshono-
rante d'un vil déserteur et d'un lâche lui valut
l'estime et l'affection de tous les hommes de
rapine et de carnage, dont il s'était fait le poète
et l'admirateur.*

*« A leur tour, ces messieurs-là le firent membre
du Directoire, qui remplaça, comme on sait, la
Convention nationale mise au néant par Napo-
léon. J'avais perdu, à la banqueroute décrétée
sur le rapport du fameux Cambon, les deux grands*

*tiers de ma petite fortune, ayant appris l'exal-
tation de mon ancien jeune homme, je me parai
de tous mes plus beaux ajustements et de mes valen-
ciennes, sans faire la jeune pour cela. Je me
rendis au palais du Luxembourg, qu'habitait
l'Altesse nouvelle. Les grandes salles et antichambres de ce palais étaient pleines de sollici-
teurs et de bonnes gens à espérances : toutes ces
personnes vinrent à moi, et m'accueillirent
comme on revoit une femme à talents que l'on
croyait morte. Un homme de très haute distinction, après m'avoir commodément assise dans un
fauteuil, passa vitement chez le directeur de
l'Empire français, lui disant que Sophie Arnould
sollicitait de lui une courte audience. Le petit
poète, métamorphosé en grand seigneur, répondit
avec emportement : « Eh, que me veut cette
vieille folle ! Courez lui dire que je n'y suis pas. »*

« *L'éclat de sa voix parvint jusqu'à mon
fauteuil, l'indignation me saisit ; je poussai les
portes devant moi et je parus en sa présence :
« Je ne viens point vous reparler du passé, lui
« dis-je, je viens vous prier seulement d'empê-
« cher que je ne meure dans un hospice ; le pré-
« sent vous appartient, mais l'avenir n'appartient
« à personne : accordez-moi, s'il vous plaît, la
« pension qu'allait me donner la cour, si vous ne
« l'aviez renversée. Au demeurant, Monsieur le
« Directeur, je ne suis point folle par le nombre*

« *de mes années : ce fut dans ma jeunesse que*
« *je l'étais.* »

« *Il comprit on ne peut mieux le sens de ces*
paroles, me prodigua ses révérences et me promit
avec caresses ce qu'il n'avait pas l'intention de tenir.

« *Le lendemain, car il me tardait, je racontai*
mon événement du Luxembourg à des personnes
aimables dont j'étais aimée. Elles mirent dans
les journaux tous ces articles piquants sur la
morgue et sur l'ingratitude *qui réjouirent l'au-*
ditoire et qui me furent attribués.

XLVIII

Mais, en 1797, une réconciliation complète
avait eu lieu[1], et un commencement d'amitié

1. C'est cette même année-là, à la date du 29 messidor an V
(17 juillet 1797), que Bolanger rédigeait dans ces termes une
pétition à François de Neufchâteau :

« Citoyen ministre et Ministre citoyen,

« Il y a quelques jours qu'en lisant avec Sophie le poème
des Vosges, nous vous faisions ministre. Cette bonne Sophie,
— où j'ai eu si souvent le plaisir de vous rencontrer et surtout de jouir des charmes de vos entretiens, — dira : cela
est fait et parfait, comme les honnêtes gens qui le désiraient.
Moi je dirai avec Pline :
Est enim probitate morum, ingenii elegantia, operum varie-
tate, monstrabilis.
Mais vous souviendrez-vous de moi, depuis que les torrents des
révolutions ont séparé les opinions et englouti nos amis..... »
(Papiers de Belanger. *Manuscrit du musée de la ville*).

semble s'être établi jusqu'à la mort de Sophie entre les deux amants, ainsi que le témoignent les lettres que veut bien me communiquer M. Mahérault.

« Du Paraclet-Sophie, 25 prairial an V (13 juin 1797).*

« Me voilà de retour dans mes foyers, bon et estimable citoyen, attendant l'effet de vos promesses sur la place que j'ai sollicitée pour l'enfant d'un de vos confrères (Murville), homme de lettres et défenseur de la patrie, pour la pension à Liancourt ; je m'en veux beaucoup de vous importuner, citoyen, mais je regrette le temps perdu de ce jeune homme, qui a déjà atteint sa douzième année, sans savoir ni A ni B... Sa mère aurait peut-être bien des reproches à se faire de cette impardonnable négligence, elle qui avait tant d'esprit, de connaissance, de talents, etc., etc., etc... Mais elle n'est plus ! et en raison de l'absence du père, et aussi de mes sentiments particuliers pour la mémoire de la mère, que j'ai tant aimée ! que je n'y puis penser sans sentir mes yeux se remplir de larmes, je vous deviens importune !

« Oserai-je, citoyen, espérer de votre complaisance, de votre obligeance accoutumée, que vous me donniez des nouvelles sur ce que je vous demande, en y joignant deux mots d'instruction

*sur ce que j'aurai à faire pour l'enfant, soit pour
son petit trousseau, soit pour la manière de le
faire parvenir à Liancourt; s'il faudra que je l'y
fasse conduire, ou s'il y a une marche générale
pour cette petite troupe.*

*« Que je voudrais bien qu'il vous prît envie de
venir dans mon canton, à ce pauvre petit manoir
de Sophie ; vous y seriez le bienvenu, le bien
reçu ; vous n'y trouveriez plus joli visage, mais
bon visage d'hôte! vous n'auriez pas repas somp-
tueux, mais vous auriez de bonne soupe aux
choux au lard, de bons légumes, du vin du cru
(un peu crud), mais de belle eau bien pure, bien
limpide, du linge bien blanc et un bon lit : voilà
tout, le tout donné de bon cœur, puisque ce serait
celui de ta Sophie*

Arnould.

*« C^{ne} Arnould, à Rocquencourt-lez-Luzarches,
département de Seine-et-Oise, à Luzarches[1]. »*

*« Sophie Arnould à son bienfaisant ami,
François (de Neufchâteau) :*

M'apprenant à les lire, il m'apprit à les faire.

*Autrefois j'us (sic) plus d'un Catulle.
François égarait ma raison.
J'entendais soupirer Tibulle,
En écoutant Anacréon.*

1. Lettre autographe signée, communiquée par M. Mahérault.

Des fleurs de ton printemps tu parsemais ma vie.
Notre tendre amitié ressemblait à l'amour.
Mais, s'il est aujourd'hui des beaux jours pour Sophie,
Si de quelque bonheur j'entrevois le retour,
O mon fils, c'est encore ton ouvrage :
Sûre de tes bontés, fière de tes succès,
Aspasie applaudit un autre Périclès.
Tu sais donner, sans forcer notre hommage,
Tu venges Dumesnil du roman de Clairon,
Belcour reconnaissant a prononcé ton nom :
Il est cher à l'artiste et surtout au poète :
Des lauriers d'Hélicon tu couronnes ta tête.
A travers le fleuve du temps,
Apollon porte ta mémoire.
Ses sœurs, dès tes plus jeunes ans,
T'ont chargé du soin de leur gloire :
Tu dois protéger leurs enfants.
Sans les arts, la terre où nous sommes
Va retomber dans le chaos.
La fortune fait les héros,
Les sciences font les grands hommes.
De tes savantes mains, rassemble leurs débris,
Approche des talents la douce bienfaisance,
Et l'univers dira dans sa reconnaissance :
Mécène fut dans Rome et François dans Paris.

« *Adieu, mon François, permettez que ces témoignages de ma reconnaissance précèdent ceux que je désire vous faire de vive voix ; j'attendrai votre permission pour n'être pas importune. Sophie a son pain cuit ; ajoutez-y la chambrette. A bon entendeur, salut. Adieu encore ; n'allez pas vous moquer des vers de Sophie. Au demeurant, il sera très facile à mon François de les remettre en prose ! je ne défends que les sen-*

timents de la reconnaissance qui les a inspirés.
—*Eh!* j'avais cinquante ans quand cela m'arriva.

« *Ce 22 nivôse an 7 (11 janvier 1799 [1]).* »

Dans la huitaine, Sophie avait une réponse à
ses vers :

Liberté — Égalité

« *Paris, le 27 nivôse, l'an 7 de la République*
·française une et indivisible.

« *Le Ministre de l'intérieur à la citoyenne*
Sophie Arnould.

« Ma chère Sophie, les vers infiniment aimables que vous avez bien voulu m'adresser, me
rappellent les moments les plus agréables de
ma vie. Malgré toute la douceur de vos accens,
je ne puis me reconnaître dans les éloges que
votre amitié me prodigue. Si j'ai eu parfois le
bonheur de porter quelque consolation dans le
sein des talens et de réparer à leur égard, autant que je l'ai pu, les injustices du sort, ils ne
me doivent rien. C'est moi qui me suis acquitté
d'une partie de la reconnaissance que je leur
devois depuis longtemps pour les plaisirs qu'ils
m'ont procurés. C'est une ancienne dette que
j'ai payée. Je voudrois qu'il me fût possible de

1. Lettre autographe communiquée par M. Mahérault, et
maintenant à la bibliothèque de la ville de Paris.

faire davantage en leur faveur. Quoi qu'il en soit, je ne suis pas moins sensible aux sentimens que vous me témoignez en leur nom. Lorsqu'ils vous choisiront pour leur interprète, ils seront bien assurés de plaire autant à mon esprit qu'à mon cœur ![1]

« Salut et amitié.

« François de Neufchateau. »

Et voici une dernière lettre de Sophie à François de Neufchâteau :

Paris, ce 18 nivôse an 8 (8 janvier 1800).

« Je voulais vous aller voir, mon cher et bien-aimé François, vous donner le bonjour, qu'il y a tant de temps que je vous garde, avec un baiser sage et doux comme les sentiments que vous m'avez inspirés depuis tant d'années. Mais la mauvaise saison où nous sommes, l'hiver, ses crottes et sa froidure, et la gêne où m'ont réduite les bouleversements de ma fortune qui me force à faire trêve aux commodités de la vie, etc., etc., me font prendre le parti de suppléer à ma visite par ce petit billet, qui contiendra, bien moins que je ne le ressens, mes éloges et la reconnais-

1. Cette lettre, qui fait partie de la collection de M. A.-J. Doucet, est adressée : à la citoyenne Arnould, Maison du citoyen Laveran dentiste, Quai de l'École, n° 4.

*sance que je vous ai du plaisir que m'a procuré la
lecture que vous avez faite de votre traduction à
la séance de l'Institut National. Je ne sais si j'ai
confondu le plaisir que j'ai eu à vous entendre
réciter vos vers, avec votre manière de les bien
faire, mais vous pouvez vous vanter de m'avoir
fait éprouver une jouissance complète. Oh! je
vous en remercie, car je ne suis pas ingrate.
Adieu, mon François; quand vous ne serez plus
tant occupé, venez donc voir votre Sophie, votre
vieille amie. Venez! votre présence chez moi me
rappellera les souvenances du bon temps passé.
Et tenez, mon ami, on est quelquefois bien heureux par les souvenirs. Quant à moi, j'ai vécu
ma vie de manière que les miens soient doux.
Oh, ils le sont! je n'ai perdu que ma fortune. Eh
bien, j'y vais suppléer par des privations et le
courage. Je n'ai plus de beaux jours à espérer,
mais j'ai de bons amis... je leur dirai:*

> *Au crépuscule de mes jours,*
> *Rejoignez, s'il se peut, l'Aurore,*

*Enfin bientôt, je pourrai encore marquer mon
âge avec un cinq: c'est 15 renversé. Si cela
pouvait s'arranger de manière que l'on puisse
dire: Il ne m'importe guère que le cinq soit devant
ou derrière.*

*« Ah! mon cher François, vous pourriez peut-
être avoir encore envie de faire quelques couplets,*

sur les genoux de Sophie[1]. Eh bien, mon pauvre ami, voyez comme cela nous a bien avancés! Vous n'étiez pas plus un sot que moi une bégueule. Allons, je vois bien qu'il faut, pour réparer tout cela, que nous nous donnions un nouveau rendez-vous, et moi je vous le donne à quatre-vingts ans; puisque ce n'est pas sans exemple, j'attendrai cette heure en jouissant toujours du plaisir de vous aimer. Gaieté, bonheur, santé, c'est ce que vous souhaite votre bien aimante[2].

« SOPHIE ARNOULD. »

XLIX

A BELANGER

Du Paraclet-Sophie, ce 3 nivôse an V
(23 décembre 1797).

Je ne vous répondrai que deux mots, aujour-d'hui, mes bons amis, et il faut qu'ils vous suf-

1. Allusion à ces vers du jeune poète, prié par la chanteuse de faire une chanson sur ses genoux :

> Sur vos genoux, ô ma belle Sophie !
> A des couplets je songerais en vain :
> Le sentiment vient troubler le génie,
> Et le pupitre égare l'écrivain,

2. Cette lettre fait partie de la Collection de M. Morrison de Londres. Elle porterait comme suscription : Au citoyen Brancas Lauraguais, propriétaire et cultivateur... Mais Louis-Léon-Félicité de Brancas, comte de Lauraguais, ne lisait pas de vers à l'Institut, et elle est incontestablement adressée à François de Neufchâteau.

*fisent, dans ce moment, pour vous exprimer la
reconnaissance que j'ai des sentiments tendres
que vous me témoignez dans la lettre dernière
que j'ai reçue de vous, car ma santé n'est pas
assez bonne encore, ni mes forces assez revenues,
pour que je puisse entreprendre de vous en remercier comme je le sens et comme je le voudrais.
J'ai été bien malade,* oui *pendant* cinquante-trois
jours, *très mal... mais surtout pendant* trente-
cinq à l'agonie. *Eh bien, mon bel ange, si le
sort eût décidé de votre Sophie, comme vous étiez
sans cesse à sa pensée, elle eût conservé, par delà
le trépas, le souvenir du tendre et sincère attachement qu'elle vous avait voué depuis ses plus
jeunes ans; mais enfin,* puisque le petit bonhomme vit encore, *rien de changé dans les sentiments de votre toujours bien aimante Sophie.*

*P S. — Mille choses de ma part à cette aimable
secrétaire; en la lisant, en la voyant, je sens*
qu'il aurait été impossible à mon cœur, *si elle
ne fût pas devenue ma rivale, de devenir* le vôtre,
mais puisque le sort en a décidé ainsi, nous
sommes bien comme nous sommes ; *que désor-
mais les trois ne fassent qu'un; voilà déjà le
mien qui a été prendre sa place dans les deux
vôtres. Adieu, je le charge de vous embrasser de
tout son pouvoir.*

Je voudrais bien vous voir, mon bel ange,

mais je suis ici dans l'embarras d'arrangements, je voudrais occuper une chambre de mon grand bâtiment, et pour m'en procurer les moyens, j'ai loué pour ferme le côté du bâtiment que j'habitais ; je vous dirai tout cela quand je pourrai avoir ma tête et moins de difficultés à écrire, car je tiens encore ma plume, comme Arlequin, barbier paralytique, tenait son rasoir.

Remettez la visite que vous voulez me faire à ce printemps, et ce sera pour moi de beaux jours.

Mille choses à tous mes amis, à Sainte-Foy, à Bougainville.

Je te dirai que je suis bien contente de la conduite du comte de Lauraguais envers moi, il vient à mon secours d'une manière digne de lui.

L

SOPHIE ARNOULD A BELANGER,

SON MEILLEUR AMI

Du Paraclet le 19 thermidor an 6° (6 août 1798).

Eh bien ! mon bel ange, vous ne me dites rien de votre visite à notre illustre ami François de Neufchâteau ? Vous me croyez donc devenue indifférente à tout ce qui vous intéresse ? vous avez un tort, vous avez deux torts, vous avez trois

*torts, vous voilà comme le bonhomme Pincé. Si
je n'avais pas été malade, et retenue au lit depuis
quinze jours par une maudite fièvre, émanée
d'un catarrhe épouvantable, j'aurais été à Paris
faire moi-même votre commission, car j'ai toujours bon pied, bon cœur pour mes amis. Adieu,
je ne puis vous en écrire plus long, la toux qui
me persécute ne m'en permet davantage, je tousse
de toutes mes forces ; mais je vous aime de tout
mon cœur, et c'est bien plus fort encore.*

*Embrassez bien pour moi votre aimable com-
pagne, et je vous rendrai,* foi d'animal, intérêt
et principal.

SOPHIE.

LI

Dans ces lettres de Sophie à Belanger, le nom
de Lauraguais revient involontairement sous sa
plume. Dans la solitude, l'ombre de sa jeunesse
et des premières amours reparaît aux yeux de
Sophie ; elle ne vit plus que de souvenir, et le
souvenir remonte le temps. Que de choses pourtant ! et que d'années, chargées d'événements
comme des siècles, depuis ce vieux passé-là ! Et
l'étrange rencontre de goûts du ci-devant duc
et de la ci-devant comédienne ! Le duc est allé
aux champs se consoler de la Révolution, comme

la comédienne est allée aux champs se consoler de l'âge. La citoyenne Sophie est fermière : des poules sont tout son monde; le citoyen Brancas est berger : des moutons font sa seule compagnie. Qui eût dit que Lauraguais tiendrait un jour sa promesse de 1783 : « .....Je ne veux plus aimer que les arbres et ma vieille Sophie[1]. » Et tous deux, ces vieux amoureux, se sont logés en petits domaines de la ci-devant église : si Sophie a le prieuré de Luzarches, Dorval a le prieuré de Manicamp. Ils ont renoué du fond de ces deux bouts du monde. Ils se sont retrouvés tout joyeux, leur cœur survivant, après le naufrage et l'engloutissement de leur siècle ! Ils se sont écrits; ils s'écrivent. Ils voudraient se rejoindre et craignent de se revoir. Ils voudraient s'arranger pour mourir ensemble, et ne savent s'ils ont assez pour vivre. Ce sont de ces beaux projets que les vieillards commencent et n'achèvent pas, des rêves qui les bercent et dans lesquels ils s'endorment. Le berger Brancas avait invité Sophie à venir à Manicamp; et dans cette lettre, Sophie que les soins de sa santé ont ramenée à Paris, lui offre l'hospitalité dans son pauvre logement de l'hôtel d'Angivilliers[2] :

1. Catalogue de lettres autographes de M. H... 1854.
2. En 1770, Sophie Arnould habite rue du Dauphin, paroisse Saint-Roch, non un appartement, mais toute une

Paris, le 5e jour complémentaire an 7
(21 septembre 1799).

« *Que votre lettre dernière, mon ami, a fait*
de bien à mon cœur : ce qu'elle contient d'expres-
sions douces et tendres, m'a rappelée aux beaux
jours de Dorval et de Sophie. Finir mes jours
auprès de vous, vous rendre tous les soins de
l'amitié, de l'attachement le plus tendre, le plus
constant, est le vœu de mon cœur, et mettra le

maison dont elle est la principale locataire. Le 22 avril 1770,
nous la voyons louer au sieur Angelo Vestris, comédien ordinaire du roi, et à la dame Rose Dugazon son épouse, par
bail de 3, 6, 9 ans, et moyennant 1,200 livres, un appartement au second étage. Et le 13 juillet de la même année
Sophie loue, moyennant 500 livres, à un ami, à l'historien
Rulhières, un appartement au 4e étage, composé de 3 pièces,
d'une alcôve avec sa porte pliée, deux petites garde-robes,
un caveau, une chambre de domestique, etc., etc. (Pièce
relevée chez Me Dufour notaire, par Maurice Tourneux.)

A partir de 1771, jusqu'à sa retraite, Sophie demeura rue
Neuve-des-Petits-Champs. En 1780, nous la trouvons habi-
tant rue de la Chaussée-d'Antin. En 1797, après que Sophie
eut quitté le Paraclet, Mme D..., ayant par hasard dîné avec
elle chez François de Neufchâteau, charmée par l'esprit
et l'enjouement de sa personne, et, dans la visite qu'elle lui
faisait, indignée de la voir misérablement logée chez un
perruquier de la rue du Petit-Lion, lui donnait un apparte-
tement dans sa maison. En 1798, elle obtenait enfin le logement à l'hôtel d'Angivilliers, qu'elle échangeait bientôt
contre un autre moins grand, plus à la convenance de la
misère de ses dernières années. Est-ce même en 1798 qu'elle
prenait possession d'un logement à l'hôtel d'Angivilliers ? La
lettre que lui adresse François de Neufchâteau, quai de
l'École, n° 4, maison du citoyen Laveran dentiste, est du
16 janvier 1799.

*comble à mon bonheur : mais le temps, les circons-
tances et toutes choses qu'il entraîne, mettent
obstacle à ce que ce soit à Manicamp.*

    « *Je suis retenue ici par les secours que j'y
reçois du gouvernement, qui, tels modiques qu'ils
sont, fournissent à ma subsistance et m'aident à
nourrir, — à élever les trois enfants que la mort
de notre Alexandrine a laissés à ma charge ; c'est
un devoir sacré et que je suis seule à remplir...
En allant auprès de vous, mon ami, tout le
bonheur ne serait que pour moi ; mon cœur n'est
point changé, mon ami, le bien que j'ai pu faire
et celui que je fais est le seul bien qui me reste :
je ne puis plus être heureuse que par les souvenirs : vous voyez bien que je ne puis quitter ;
mais vous, mon Dorval, vous devez venir ici :
cent mille raisons plus fortes les unes que les
autres, doivent vous y décider ; ici, vous devez fixer
votre demeure, ici, vous trouverez les ressources
que vous chercheriez vainement où vous êtes et
votre sûreté.*

    « *Je ne sais comment vous envisagez nos affaires
et notre avenir... voilà qu'il est question encore
de réquisitions de tous genres, chevaux, four-
rages, bleds, avoines, eaux-de-vie, etc., etc., etc.
Remarquez bien ! qu'elles étaient déjà en vigueur
dans les départements environnant les armées.
L'emprunt de 100 M., la loi sur les otages... ces
moyens, pour les gens qui réfléchissent, paraissent*

être pris pour parer au coup que doit porter notre système financier... ou je m'abuse ou je crois voir qu'on commence à se lasser de la politique entortillée de notre directoire. Vous savez comme l'on interprète la conduite de l'un d'eux (de S...) comme en tout sa volonté apparente est de vouloir le retour de la royauté... il ne le veut pas, il ne le pense pas même : tout cela n'est qu'un moyen de tyrannie favorable à ce corps : mais comme il n'a pas de moyens réels et que tout ce qu'il offre est resves creux : *il en résulte un fait certain, c'est une continuité de malheurs incalculables...* En effet ! des rois *nos* ennemis et les rois que *l'on dit* nos alliés *n'ont pas cessé d'aller à leur but* : notre ruine, par notre affaiblissement et notre affaiblissement par des secours donnés aux partis de l'intérieur, *alors qu'ils paraissoient successivement être perdus à jamais.*

« *Les divisions dans nos armées !... voyez-les ! Elles sont poussées à un point de machiavélisme. qui détruit toute harmonie, annule toute force, et ne laisse aux Français que des défaites, et des craintes même à ceux qui sont les auteurs, investigateurs de ces divisions... encore qu'ils veuillent paraître rassurés par la nomination de Macdonald... Ceux qui d'une autre part désirent la royauté... ne voient aucun objet apparent capable de faire compter raisonnablement sur aucun succès, craignent les faux et les fripons de leur*

parti : et si le voile grossier qui couvre la nullité
de notre directoire est arraché par quelque catastrophe, ou par des finances... alors où en serons-
nous ? Vous voyez qu'il n'y aura de parti que
celui des Jacobins, qui seul sera remarquable,
au milieu de vingt factions très inutiles pour
leurs membres et très dangereuses pour tous :
voilà de quoi exercer votre imagination, mon
pauvre ami : il faut que j'aie bien écouté, bien
entendu, et surtout que j'aie bien le désir de remplir vos vues, pour vous en dire si long sur telle
matière, qui, quoique j'en sois toute fraische
émoulue, est bien étrangère à mes connaissances,
à mon esprit. Je ne sais si dans cet article vous
y lirez bien clairement que le lieu que vous devez
habiter et le seul habitable pour vous, est Paris ;
il faut de l'argent, direz-vous, mais vous en aurez
un peu et puis moi un peu aussi. Nous n'aurons
pas de dépenses bien fortes à faire. Point de
loyers à payer ; il y a le déjeuner du matin ;
à dîner ! nous irons chez nos amis, nous serons
discrets chez eux et très sobres chez nous. J'ai
aussi du bois au Paraclet, dont je ferai amener
une partie ici, vous avez dit à ce sujet tout ce
qu'il y avait à dire, et si bien, avec tant d'esprit
et de grâce, qu'il ne me reste rien à dire que de
vous en remercier. Pour en revenir à nos moutons : sur les moyens de vivre, eh bien, mon
Dorval, nous nous aiderons l'un l'autre, nous

*prendrons nos modèles dans Beaucis et Philémon...
Dorval écrira les grandes aventures de notre révolution : moi je pourrai transmettre à la race
future celles de nos jeunes ans* [1] *: il y a déjà longtemps, mais l'on n'oublie jamais ce qui a beaucoup
ému, etc... le cœur seul, mon Dorval, garde de
longs souvenirs. Ce n'est pas, comme vous voyez,
ma volonté qui décide du séjour que nous devons
habiter ensemble, car pour moi je dis comme
Ariane :* La Patrie est toujours où l'on voit ce
qu'on aime. *Je ne regarde pas assurément les
offres que vous me faites comme un pis-aller : si
mes réflexions pouvaient avoir l'air d'un refus,
et qu'elles dussent prolonger l'absence que nous
éprouvons, je ne m'en consolerais pas ; mais, mon*

1. Il y eut chez Sophie Arnould, plusieurs fois, des velléités
d'écrivasserie. Elle jeta sur le papier des lettres épigramma-
tiques qui coururent le public, elle rédigea des fragments de
mémoires que nous publions, elle écrivit un roman. Il porte
pour titre : Le Roi et le Confident, *nouvelle historique,* de
l'imprimerie de Fournier, an XI (1803). C'est une nouvelle
d'amour se passant dans la Grande-Bretagne, sous l'heptar-
chie, une fabulation imbécilement romanesque, coupée de
mauvais vers et où il n'y a de Sophie qu'un *S* et un *A* au
bout de la préface.

Il semble que Sophie Arnould ait eu une petite bibliothèque.
Je possède un exemplaire du *Recueil général des opéras
représentés par l'Académie royale de musique depuis son établissement,* imprimé par Christophe Balard, doyen des impri-
meurs du Roi, *seul pour la musique et pour ladite Académie*
(16 volumes), — exemplaire enrichi en marge de quelques
notes autographes, et portant au verso d'un volume, un *ex
libris* tiré en rouge, et représentant un cartouche entouré
de feuillage, noué par un ruban, sur lequel on lit : *Mlle Arnould.*

*ami, croyez-moi, c'est ici où vous devez venir :
les choses ne peuvent pas rester dans l'état où
elles sont : il est peut-être important pour vous
d'en juger pour vous-même. Les citoyens Loisel,
Arnauld s'occupent avec intérêt de vos affaires,
mais vous y avez besoin aussi; l'on ne dit pas
par écrit tout ce qu'il y a à dire! une réflexion
en amène une autre, etc.*

« *Si j'avais eu tout mon logement — j'aurais
été plus pressante sur l'offre que je vous fais d'y
venir, mais cela ne peut plus tarder à présent,
c'est peut-être encore l'affaire d'une huitaine de
jours ou d'une décade au plus, pour parvenir à
y être arrangée, pour vous y préparer tout ce
que je pourrai procurer à vos besoins, à votre
mieux être : c'est une chambre bien belle, bien
grande, bien aérée, bien située, où vous serez
seul et libre, porte et escalier à vous seul, un bon
lit et sièges propres et commodes, une grande
table pour vos papiers et écrire, etc.[1]. Enfin, j'espère que vous ne serez pas mal : il y aura pour*

1. Cet hôtel d'Angivilliers n'était pas une maison commode,
où les volontés des locataires s'exerçaient dans le libre
accord de tous. Ces volontés se heurtaient à des jalousies, à
de vilains caractères. Sophie Arnould en avait déjà l'expé-
rience, et se plaignait vivement, dans une lettre du 19 messidor an VII (7 juillet 1799), de l'hôtel, de ses locataires et surtout du citoyen Michel : « *Ils sont une compagnie d'intrigants
dans cette maison, qui ne devrait être occupée que par des
artistes honnêtes, que c'est à se croire dans une nouvelle
Vendée.* ». Catalogue d'autographes du 7 décembre 1854.

le reste tout ce qu'il faut : j'ai pour me servir une femme seule, d'une trentaine d'années, point mariée, pas trop entendue, mais qui travaille et me sert ; les entendues ne sont que des intrigantes, etc. ; c'est ce qu'il faut éviter à présent et pour cause... mais, mon ami, ne soyez pas inquiet pour vous, c'est moi qui vous servirai et je dirai toujours :

Ah ! qu'on est heureux de déchausser ce qu'on aime.

« Adieu, je vous manderai, aussitôt que j'aurai mon logement ; ça ne sera long, mais point de raisons alors pour ne pas venir ; adieu. »

« Au citoyen
Brancas Lauraguais
Propriétaire et cultivateur,
à Manicamp (par Chauny),
(Département de l'Aisne)[1]. »

LII

Cette lettre c'est tout ce que nous avons des rapports de Sophie et de Lauraguais, en cette dernière intimité de bonne amitié, et cependant il semble que, dans ces dernières années, ces bons rapports n'ont cessé d'exister et que lorsque

1. Lettre autographe communiquée par M...

la pauvre femme est tombée tout à fait malade, a été clouée au lit par la souffrance, Lauraguais a été un des fidèles de son chevet.

Nous trouvons la preuve de cette assiduité de l'ancien amant près de la malade, dans la correspondance inédite de Lauraguais avec Barré, Radet, Desfontaines à propos de leur comédie en trois actes de SOPHIE ARNOULD[1].

Sur l'annonce dans le « Journal de Paris des AMANS SANS JAMBES OU LES AMIS DE Mlle ARNOULD », Lauraguais écrit qu'il n'acceptera aucun rôle dans cette pièce, qu'il s'adressera à la justice et après avoir cité Cicéron, il ajoute : « Mais vous aimeriez peut-être mieux que je vous parle d'une autorité moderne. Je vais donc vous rappeler la réponse de Mme la maréchale Lefebvre, étant au cercle d'une dame qui la priait de raconter une histoire qui l'avait amusée, mais dont elle ne se souvenait guère : « Tredame, je le croyons bien, répondit la maréchale, l'histoire est drôle, mais je ne voulons pas faire rire vos *pisseuses*. »

Sur la réponse de Barré, Radet et Desfontaines que la pièce est tout en l'honneur de Mlle Arnould, qu'ils n'ont personnifié aucun de ses amis vivants...

---

1. Sophie, pendant sa détention de 24 heures au Fort-l'Évêque, pour avoir répondu peu respectueusement au lieutenant de police, trouva dans la prison un père de famille arrêté pour une dette de 10,000 livres. Elle organisa une loterie de 5 louis le billet pour une *prétendue* chaîne, dont elle disait vouloir se défaire. C'est le sujet du vaudeville.

une *missive*, qui, selon l'expression du spirituel amant de Sophie, « a le style de la chancellerie de la foire », Lauraguais riposte par cette lettre:

« Quelqu'un qui aime que l'esprit soit courageux, et qui admiroit le courage et l'esprit de Mlle Arnould dans sa maladie, M. D..., pensa qu'il pourroit diminuer les douleurs de son corps, en l'occupant fortement. Séduit par cette espérance, j'essayai de séduire aussi Mlle Arnould. Nos aventures, lui dis-je, courent depuis beaux jours dans plusieurs recueils du temps; notre histoire sur l'ennui dont ce pauvre prince d'Hénin vous faisoit mourir, une plainte en ustice contre cette espèce d'empoisonnement, l'importante dispute sur le pas entre le carrosse de Mme Barentin et mon fiacre, qui recula pourtant dès qu'elle lui montra sa figure, et puis tous vos tours, ma bonne amie, tout cela est gâté. Des peintres nous ont déjà défigurés. Que sait-on? Peut-être un jour des sculpteurs nous casseront-ils les jambes! conservons ce qui nous reste, donnons nos mémoires... Nous mourrons tous deux de vos douleurs, tâchons de les vaincre, faisons un roman ou bien un vaudeville, cela vaudra bien les aventures de l'abbé de Laigre. Rions de nous-mêmes, puisque nous ne pouvons plus rire des autres. Vous avez eu beau me dire que toutes les gentillesses que vous avoient écrit Favart, Collé, Marmontel, Rulhière,

Chamfort, et mes lettres ont été brûlées en 93...
Tâchons de nous en ressouvenir, écrivons
d'abord, quitte à nous brûler après nous-mêmes,
si nous sommes mécontents de nous. — Mon
ami, me dit-elle, je suis contente de ce que
vous me proposez. Ce que j'avois recueilli, fait
et conservé, est perdu. Mais quoique votre in-
fâme neveu me prive de tout, en ne vous laissant plus rien, et quoiqu'on m'ait offert une ressource, en me proposant mes mémoires, je l'ai
refusée. Si nous les avions faits, et que je les
eusse, je les brûlerais devant vous. Parmi les
puissances du jour, j'ai eu dans mon antichambre
des manières de beaux esprits, auxquels je don-
nai des souliers pour marcher, et des culottes
parce que je croyais leur derrière vilain. J'ai
pensé dans ma maladie devoir anoblir les services qu'ils pouvaient me rendre, en leur rappe-
lant un peu les services qu'ils avaient acceptés
de ma part. Les ingrats... je ne puis supporter
l'idée d'amuser ces vilaines bêtes... Voilà, Messieurs, les paroles de Mlle Arnould. Je ne sais
pas comment les tourner en vaudeville[1] »

1. L'assertion de la lettre de Lauraguais, à propos des
mémoires de Sophie, est démentie par le fragment autographe que nous publions, fragment peut-être écrit à la sollicitation d'un libraire offrant un peu d'argent, en la dure misère
des toutes dernières années de sa vie.

LIII

A BELANGER

Ce décadi 8 nivôse an 8 (29 janvier 1800).

Ah ! mon bel ange, mon ami, vous êtes donc toujours le même pour la bonté, la générosité, quel bon cœur ! Je vous remercierais bien, mon pauvre ami, mais quelles expressions employer !... elles seraient toujours au-dessous de ma reconnaissance, non pour l'argent mais le procédé. Ah ! combien vous faites de bien à mon cœur, me voilà pour cent ans de bonheur, si j'avais à les vivre. Consolez-vous, mon ami, j'ai encore quelques sous et je n'ai pas besoin des deux louis que vous m'envoyez, dont je puis dire que vous vous dépouillez pour moi, car je sais quelle est votre position aussi, mais je garde cette pièce pour la mettre sur mon cœur et ne la quitterai qu'à la mort. Je sais la devise que j'y mettrai, ce sera ma relique. Bonjour, mon bel ange, mon bon ange, mon véritable ami[1] : *croyez qu'il*

1. Voici une invitation à dîner de Belanger vers ce temps à sa vieille Sophie, tout à la fois d'une chaleur amicale et d'une tournure passionnée un peu ridicule.

« Paris, ce 22 germinal an 8 (12 avril 1800).

« Ma femme et moi envoyons savoir des nouvelles de votre santé, bonne et très aimable Sophie, nous ajoutons à ce

n'existe pas sur terre un être qui vous soit plus tendrement attaché, et plus inviolablement attaché que votre

SOPHIE ARNOULD.

Au 24, je serai chez mes bons amis — chez toi, ta femme, et donnez ce jour à mon bonheur.

LIV

Quand Sophie disait à Belanger avoir *encore quelques sous*, et garder cependant son double louis, sous le plus joli et le plus amoureux des prétextes, elle déguisait sa misère, sa misère confessée tout entière dans cette belle lettre du 1ᵉʳ pluviôse au VIII (21 janvier 1800) au ministre de l'intérieur, Lucien Bonaparte :

degré d'intérêt, que vous serez libre, le 8 de cette décade, et que vous nous ferez l'amitié de venir dîner, ce même jour, avec nous.

« Songez, notre Sophie, que c'est l'amitié et la bonne amitié qui vous invite, n'allez pas dire non, car c'est oui sur lequel nous comptons.

« Je vous embrasse de tout mon cœur, cela veut dire de de toute mon âme.

« BÉLANGER. »

« *Paris, primidy 1ᵉʳ pluviôse an 8 de la République.*

« *Au ministre de l'intérieur Lucien Bonaparte.*

« **Citoyen ministre,**

« *Je me nomme Sophie Arnould, peut-être très ignorée de vous ; mais autrefois très connue au théâtre des Dieux.*

Je chantais ne vous déplaise.

« *Je ne voudrais cependant pas, citoyen ministre, user de votre temps, vous ennuyer d'un long préambule pour vous tracer mes vingt-six infortunes.*

« *J'avais déjà pris la liberté d'adresser ma plainte à notre premier consul[1] ; mais je viens d'être avertie par un journal qu'il n'en devait*

---

1. Déjà Sophie avait sollicité Barras ; elle écrivait à son secrétaire, dans une lettre datée du 30 prairial an VI (18 juin 1798) : « *Oh ! vous m'avez oubliée, très cher et trop aimable amy. Vous avez oublié Sophie, la sœur très aimée de votre plus ancien amy (Arnould). Je ne demande à notre cher Directeur qu'un tout petit rendez-vous. Dites-lui même pour le rassurer que ce n'est ni celui d'un courtisan ni celui d'une courtisane, quoi que la Renommée m'ait appris de lui sur ce chapitre. Enfin, je veux le voir, comme parente ou comme amie, il pourra le refuser au premier, mais quant à l'autre j'ai fait mes preuves. Allons, je sais combien votre temps vous est cher, et combien l'emploi que vous en faites nous est précieux. Ainsi, je ne veux pas vous ennuyer plus longtemps de mon bavardage. Ressouvenez-vous de Sophie, et recevez ici les témoignages de la sincère et constante amitié de S. Arnould.* » (*L'Amateur d'autographes du* 1ᵉʳ *avril* 1867.)

*connaître que par vous, mon ministre ;... et je
me suis dit : Sois contente, Sophie ; va ! c'est un
cœur de famille ; conte-lui ta chance : et la voici
tout comme je l'ai dit à votre ainé : Dès mes plus
jeunes ans, et sans y être destinée autrement que
par le hasard qui gouverne tant de choses !... vingt
années de ma vie ont été consacrées au théâtre
des Arts, où quelques dispositions naturelles, une
éducation soignée, de l'instruction, le tout cul-
tivé, appuyé des conseils des gens de goût, savants,
artistes, enfin, des gens justement célèbres : quant
à moi, j'avais alors, pour recommandation, un
physique heureux, une grande jeunesse, de la
vivacité, de l'âme, mauvaise tête et bon cœur :
voilà sous quels auspices j'ai été assez heureuse
pour illustrer ma vie, et obtenir, avec une sorte
de célébrité, gloire, fortune et beaucoup d'amis.
Hélas ! aujourd'hui la chance est bien tournée ;
quant à la célébrité, mon nom est encore cité
avec un peu d'éloge avec ceux de Psyché, Thélaïre,
Iphigénie, Églé, Pomone, en un mot, au théâtre
des Arts... Quant aux amis, je puis dire que je
les avais si bien mérités que je n'ai perdu que
ceux que la mort m'a enlevés, et ceux dont la
hache décemvirale m'a privés : il n'y a donc que
cette inconstante fortune qui, sans rime ni raison,
m'a fait faux bond... et dans quelle circonstance
encore ! lorsque je suis devenue trop vieille pour
l'Amour et trop jeune pour la Mort. Voyez donc,*

citoyen ministre, combien il est cruel, après tant de bonheur, de se trouver réduite à un état si misérable, et après avoir allumé tant de feux, de n'avoir pas aujourd'hui de quoi brûler un fagot dans ma cheminée ; car le fait est que depuis que la nation m'a couchée sur son grand livre, je n'ai plus ni où coucher ni de quoi vivre : je ne demande pas la richesse, assurément, mais le nécessaire pour achever encore ma vie et éviter une vieillesse malheureuse ; j'ai de grosses charges, parce que dans les temps fortunés de ma vie, j'étais le soutien des infortunés de ma famille, cela devait être ; mais ma pauvreté ne leur rend pas la richesse. Enfin, citoyen ministre, je vous demande de venir à mon secours et de me continuer ceux que mon ami, François de Neufchâteau, devenu ministre, m'a procurés : je dois cet hommage à son cœur.

« Dans l'état des secours qu'il donnait aux autres artistes, j'étais comprise pour une somme de deux cents francs par mois ;... daignez me la continuer ; j'aurais bien encore une grâce à vous demander et dont la faveur a pour exemple ceux de mes camarades vétérans, auxquels elle a été accordée ; — c'est une représentation à mon profit au théâtre des Arts ; mais s'il est vrai, comme on dit, qu'il faille que je me charge d'un rôle principal, que je me déguise en Thélaïre, Iphigénie, etc., etc., etc. Oh ! cela est impossible : ce

serait me rendre aussi ridicule que Mme Turcaret :

En Vénus ! ma chère ! En Vénus !

« Enfin, citoyen ministre, j'attends de vous tout ce que j'ai droit d'en obtenir, tout ce que le malheur attend d'une âme bonne et sensible comme la vôtre, vous êtes bien jeune pour me connaître, mais beaucoup de vos amis, de savants, de gens de lettres, d'artistes qui vous entourent, composaient autrefois ma société ; ils vous diront ce que c'est que Sophie... mais tels mérites qu'ils me donnent, ils ne vous diront pas assez, s'ils n'expriment, comme je le sens, les sentiments d'admiration, d'amour et de respect profond, dont je suis pénétrée pour ma patrie, nos lois et vos vertus.

« SOPHIE ARNOULD[1]. »

En même temps qu'elle adressait cette supplique au ministre, elle tâchait d'intéresser à la représentation à son profit son vieil ami Lebreton : « *Je suis pauvre,* — lui écrivait-elle, — *comme un rat d'église, et Dieu sait comme présentement !...*[2] » La représentation n'était pas accordée; mais Lucien Bonaparte voulait bien assurer le pain de la vieille Arnould, — et en recevait le remerciement qui suit :

1. Collection de lettres autographes de feu M. le comte de Panisse.

2. Catalogue de lettres autographes, 5 février 1855.

« Sophie Arnould

Au citoyen ministre de l'intérieur.

« Citoyen ministre,

« *Je vous salue et vous remercie de ce que vous venez de faire pour mes camarades et pour moi ! tous,* pauvres vétérans du théâtre des Arts, en assurant, d'une manière stable, le payement des deux cents francs par mois de secours provisoire qui nous avaient été précédemment accordés : il ne nous reste plus qu'à vous supplier de mettre le comble à cette faveur, en signant *les états qui nous l'assurent, et dont le Trésor a besoin pour les acquitter.*

« *Quant à la seconde demande, qui m'est personnelle (de la représentation à mon profit au théâtre des Arts) à laquelle vous vous êtes refusé : citoyen ministre, j'attendrai, ainsi que vous me le faites présumer, des temps plus heureux pour ce spectacle, et sûrement alors la ridicule entrave qui existe de paraître en personne à une telle représentation pour l'obtenir, n'existera plus.*

« *Salut et respects profonds.*

« Sophie Arnould.

« *Ce mardy,* 19 *ventôse an* 8 *de L. R. F.*
(10 mars 1800) [1]. »

1. Collection de lettres autographes de M. Chambry.

Mais, en ces temps, les payements ordonnancés n'étaient guère vite de l'argent payé, et Sophie avait encore besoin pour toucher intégralement ce secours d'écrire à Cellerier, administrateur du théatre des Arts :

« Du Paraclet-Sophie, commune de Luzarches, département de Seine-et-Oise, 17 messidor an 8 (6 juillet 1800).

« Vous m'avez promis, mon aimable et très ancien ami, vos services, vos bons offices relativement à mes intérêts, et je les réclame, car je me trouve dans une position si gênée, que je suis obligée de vivre comme une pauvre malheureuse[1], de me cazanier et de me priver de tout : vous savez, mon ami, qu'il me reste dû sur le secours provisoire que je reçois présentement à la caisse de l'Opéra les deux mois arriérés, ventôse et germinal, vous devriez bien faire en sorte de me les faire payer ensemble : cela me profiterait mieux que par bribes, comme cela se pratique.

1. Elle n'est pas que malheureuse, elle est déjà bien malade. Moyreau, l'intendant de M. Saint-James, écrit à Belanger, le 24 floréal an 9° (14 mai 1800) : « Madame Belanger m'a peint la triste situation de Sophie, nous ne la verrons plus souper, et sa position me fait bien regretter la perte de ma fortune. C'est bien le cas de dire avec Horace : *Sit patientia lævius quidquid corrigere est nefas*, et de rappeler cette pensée profonde du même : *Pallida mors, æquo pede, pulsat pauperum tabernas regumque turres*. Donnez-m'en, je vous en prie, des nouvelles, autant que vous le pourrez. »

« *Et mon Dieu, mon ami, que je suis fâchée de vous importuner pour cette vilenie-là ;... voilà ce que c'est ! si je n'avais pas joui de tant de richesses autrefois, de tant de considérations qui font le charme de cette vie, je ne me trouverais pas aujourd'hui si malheureuse et si pauvre ; mais ! vieillir ainsi dans le besoin, dans la misère, et être condamnée à toutes les privations, c'est bien mal achever sa vie ! si je pouvais chanter encore, je chanterais bien comme Lise, dans je ne sais quelle pièce de cette comédie italienne :*

> *Ça n'devait pas finir par là,*
> *Puisque ça commençait comme ça.*

« *Ah ! mon ami, il vous souvient peut-être encore de ce temps-là : c'était le bon temps au moins ! il y avait des esclaves à la vérité, mais ils étaient les nôtres ; au lieu qu'aujourd'hui nous n'avons que des cochons ; et tenez, mon ami, soit dit entre nous, je n'aime pas du tout ce genre ; je n'y trouve pas le mot pour rire ; tout ça ne vaut rien, tout ça me déplaît à un point que je ne puis exprimer.*

« *Je sais bien que quand on n'a pas ce que l'on aime, il faut aimer ce que l'on a ; mais je n'ai rien, ayons de l'argent au moins !*

« *C'est ce que je vous souhaite, mon ami ; c'est aussi ce que je vous demande ; ainsi soit-il ; sur*

ce, *je vous salue et vous embrasse d'aussi bon
cœur que je vous aime.*

« Sophie Arnould.

« *P. S. On dit dans nos hameaux que Bonaparte est de retour à Paris; partant, que la
gloire et le bonheur le suivent! écrivez-moi, mon
ami, répondez-moi, fût-ce un refus, au moins
votre lettre charmera mes ennuis car une vieille
bergère n'a pas beaucoup de quoi s'amuser* [1]. »

Le 13 avril 1801, Sophie écrivait encore au
ministre Chaptal :

« Sophie Arnould *au citoyen Chaptal,*
Ministre de l'intérieur.

« Citoyen ministre,

« *Je le vois bien, promettre, pour vous, c'est*
donner; *j'ai déjà ressenti les bons effets de vos
bontés pour moi ; il est doux pour mon cœur
d'avoir à vous en témoigner ma reconnaissance.
Mon esprit serait bien plus embarrassé que mon
cœur, si vous ne vouliez pas être l'interprète de
mes sentiments ; en cette occasion, vous avez promis* à nos amis de me continuer vos bontés, de

1. Collection de lettres autographes de M. le marquis de
Flers.

ne pas perdre de vue la pauvre Sophie ; *j'y
compte... Vous m'apprenez trop bien à ne pas
douter de vos promesses ; je vous dirai seulement
sur mes besoins, citoyen ministre,* qu'il y a ur-
gence... *J'attends le moment où je pourrai vous
voir pour vous témoigner de vive voix les sentiments de ma reconnaissance, ainsi que de la
parfaite considération que j'ai pour vous.*

« Sophie Arnould.

« *Paris, ce 23 germinal an 9 (13 avril 1801)* [1] »

Cette grave affaire des derniers jours de Sophie se terminait enfin par une somme de deux
mille écus accordée en remplacement de la représentation à son profit[2] : et respirant après tant
de tracas et de démarches, Sophie écrivait au
citoyen Arnauld, chef de division au ministère
de l'intérieur :

« *Quant à moi, qui ne sais plus ce que j'ai été
et qui ne saurais jamais l'être, j'espère aux bons*

1. Collection de lettres autographes de M. Fossé d'Arcosse.
2. Dans une lettre de Chaptal à Cellerier, du 29 ventôse
an IX, publiée par l'*Amateur d'autographes* (1er septembre 1866),
le ministre de l'intérieur, retirant, sur les observations de Cellerier, la permission déjà accordée de la représentation, disait :
« Je chercherai d'autres moyens de concilier les intérêts du
théâtre des Arts avec les besoins d'une femme célèbre, dont
les longs services méritent des égards. »

souvenirs, à votre bienveillance pour la veuve de Castor. Iphigénie, Thélaïre, qui, pendant vingt ans, régna sur le théâtre des Arts par les suf- frages qu'elle obtint du public, qui peut-être encore y règne par ses regrets, mais qui, nonobs- tant, n'a pas comme la cigale

> *Un seul petit morceau*
> *De mouche ou de vermisseau.*

« En conséquence, je réclame votre bienveil- lance, votre justice pour me faire liquider de la somme d'environ cent louis, qui me restent dus sur les deux mille écus qui doivent m'être comptés pour le remplacement de la représentation qui m'a été accordée à mon profit au théâtre des Arts, et de convention faite avec mon ami Cellerier, l'un des administrateurs de ce théâtre, qui pourra vous attester le fait, le comment, le pourquoi, etc., car je ne veux pas abuser de votre complaisance, ni de votre temps par ces redites, sur lesquelles je ne cesse d'écrire et de réclamer depuis huit mois à peu près[1]. »

Mais ces malheureux cent louis, Sophie ne pouvait arriver à les arracher de la direction du théâtre des Arts. Dans une lettre, datée d'un an avant sa mort, dans une lettre indignée, l'an-

---

1. *Revue rétrospective*, vol. III, 1834.

cienne maîtresse du salon de Paris qui avait été
« l'atelier des artistes, le Parnasse des poètes [1] »,
maintenant réduite, comme elle le dit, à ne recevoir ses amis qu'*entre les repas*, reprochait
durement à Cellerier d'avoir un peu trop oublié
le temps où il était un des soupeurs de ce
salon.

« Paris, ce 14 brumaire an 10 (5 novembre 1801).

*« C'est encore moi, mon cher Cellerier, qui re-
viens à la charge, et bien contre mon gré assurément, sur la demande juste que je fais relativement à ce qui me reste dû sur les deux mille
écus* que vous êtes convenu de me donner, *pour
indemnité de la représentation qui m'avait été
accordée, pour être* donnée au théâtre des Arts,

1. Voici une curieuse note attestant l'auberge gratuite que
c'était pour les hommes de lettres et les artistes, la salle à
manger de Sophie Arnould :
    « — Il est tard, il faut que je vous quitte, à moins que vous
ne veniez souper avec moi.
    « — Où ?
    « — Ici près, chez Arnould.
    « — Je ne la connais pas.
    « — Est-ce qu'il faut connaître une fille pour souper avec elle !
Du reste, c'est une créature charmante qui a le ton de son
état et celui du grand monde. Venez, vous vous amuserez.
    « — Non, je vous suis obligé : mais comme je vais de ce côté
je vous accompagnerai jusqu'au cul-de-sac Dauphin.
    « Nous allons, et en allant, il m'apprend quelques plaisan-
teries cyniques d'Arnould et quelques-uns de ses mots ingénus
et délicats. » (*Satire sur les caractères et les mots de caractère*. Édition Diderot publiée par Tourneux, tome VI.)

*ainsi que le portait l'ordre du ministre de l'in-
térieur, tel que je l'ai présenté à l'administrateur,
le comte Bonnet, ainsi qu'à vous. On dit que le
cœur seul garde de longs souvenirs... Est-il possible d'après cela, mon cher Cellerier, que vous
me laissiez dans la perplexité où je suis sur mes
intérêts, quand on me dit qu'il ne dépend que de
vous d'accélérer cette affaire commencée! Vous
connaissez ma position, combien j'ai été frustrée
de toute ma fortune dans la Révolution, que pour
surcroît je suis au lit depuis sept mois, retenue
par une maladie dont le danger est égal aux
douleurs qu'elle me cause! Et votre sensibilité,
votre cœur, votre âme restent insensibles aux
malheurs, à la douleur d'une ancienne amie.
Oh! que je dirais bien comme Sully : « J'adore
Dieu; nous avons une manière d'aimer bien
différente; » mais seulement dans cette occasion
qui fait aujourd'hui mon tourment. Quand je
vous ai fait le sacrifice de la représentation dont
je vous ai porté l'ordre du ministre, n'est-ce pas
à l'amitié que j'ai fait un sacrifice, n'est-ce pas
un sacrifice, dans la position où je me trouve,
que d'avoir accepté deux mille écus, pour une
chose qui, si elle eût eu sa pleine exécution,
m'eût rapporté plus du double! et je dis plus
du double, parce que je puis le prouver encore! Et,
au lieu de vous conduire en conséquence, vous
me laissez éprouver, par votre silence, votre in-*

souciance : vous me laissez, dis-je, éprouver cent mille difficultés, aussi affligeantes qu'humiliantes. Il semble, en vérité, que je demande l'aumône ! Cette conduite est mal d'un ami envers un ami. Elle est mauvaise aussi entre artistes : vous avez bâti des palais à la bonne heure, moi je les ai ornés par mes talents ! Vous voyez bien, mon cher Vitruve, que tout est relatif dans ce bas monde, et qu'il faut toujours qu'une main lave l'autre... Ainsi voyez donc à obvier à tous vos torts envers moi par une prompte réparation. Tâchez de prendre de l'énergie, du caractère, quand il s'agit de plaider la cause de vos amis, et surtout quand il ne s'agit que d'une chose juste et de remplir vos engagements. Cette énergie, ce caractère, conviendraient autant à vos intérêts qu'aux leurs. Croyez-moi, quand on occupe une place comme la vôtre, mon ami, les petites considérations, les petits moyens, les incertitudes rendent nul l'homme en place. Il fait mal à ses amis, et ses ennemis seuls lui font la loi. On veut ménager la chèvre et les choux, et l'on perd tout... Ah ! mon Dieu, qu'un revers vienne fondre sur vous, perdez ou fortune, ou protecteur, ou place, vous verrez qui viendra vous secourir à pareil événement. Mon cher Cellerier, que je vous serve d'exemple ; vous le savez, vous m'avez connue au sein de ma gloire, vous avez vu mon salon servir d'atelier aux artistes les plus fameux, — vous n'étiez pas des derniers, vous, sans compliment. — Vous avez vu ce salon servir de Parnasse à certains poètes faits pour illustrer leur siècle, à des gens de lettres les plus renommés, à des érudits, aux grands seigneurs d'alors qui devenaient leurs protecteurs et leurs amis. Vous avez vu tout cela ; aujourd'hui, l'éclat est disparu ; mais... j'ai toujours la considération que je me suis acquise et les amis que j'ai mérités. La différence seulement qu'a mise l'état d'infortune à laquelle je suis réduite, c'est que présentement je ne puis les recevoir qu'entre les repas, puisque je ne. suis plus riche que par les privations que je m'impose.

« Adieu, j'en ai trop dit peut-être : mais si vous êtes toujours mon ami, vous pardonnerez à la douleur et aux malheurs d'une amie, et vous donnerez tous vos soins aux intérêts de Sophie.

« ARNOULD[1]. »

LV

A BELANGER

« De Luzarches, le 5 vendémiaire an 9 (27 septembre 1800).

Ah bien! chien d'enchanteur, vous avez donc tout à fait oublié cette pauvre Sophie, et votre

---

1. Collection de lettres autographes de M. Bardin.

compagne aussi ? que c'est vilain, ça [1] *!... je n'ai pas comme vous, moi,.. j'ai écrit de ma retraite à ceux qui occupent sans cesse mon cœur et ma pensée ! mais pas plus de réponse que de beurre... Si je ne m'étais pas amusée à être malade, dans mon lit, d'une grosse vilaine fièvre bilieuse... moi qui n'ai pas de fiel, j'aurais écrit derechef, en réitérant... mais, bah !... ça vous est égal à vous autres bienheureux !*

Au demeurant, j'espère que ce petit babillet ne restera pas sans réponse, et que vous rassurerez votre vieille amie sur les sentiments d'amitié qu'elle a droit d'attendre de vous ; s'il est vrai que vous usiez de représailles envers elle, car de loin comme de près, absente comme présente, heureuse ou malheureuse, vous n'aurez jamais une amie aussi dévouée, aussi tendre, aussi sincère que

SOPHIE ARNOULD.

1. Dans une lettre écrite de Paris, du 17 pluviôse an 8 (6 février 1800) à Belanger, Sophie Arnould se plaignait de l'isolement dans lequel il la laisse, ainsi que sa belle compagne : « *Comme on m'abandonne... Je sais que vous pouvez dire à cela : Eh, que ne vient-elle... Mais, comment, en cette déplorable saison, quand il fait des crottes comme il n'y en a pas... à pied... pas un bras seulement. C'est détestable... Mais eussé-je tous les trésors du Pérou, sans mes amies, sans mes amis, je dirais encore foin de la vie. Le gîte qu'elle a ici (l'hôtel d'Angivilliers) est beau sans doute et agréablement situé, mais comme dit le proverbe : Belle cage ne nourrit pas l'oiseau. Et je suis cet oiseau...* » Catalogue d'autographes du 31 janvier 1854.)

P. S. Que font nos amis Bougainville, Sainte-Foy, etc., etc. Ah! comme ils me délaissent! comme ils ont oublié la pauvre *Sophie.* Ils sont passés, ces jours de fêtes !   .   .   .   .   .   .

.   .   .   .

LVI

A BELANGER

« *Du Paraclet-Sophie, à Luzarches, 23 vendémiaire an 9 (15 octobre 1800).*

Que votre lettre dernière est aimable, mon cher Belanger ; ah! que l'on voit bien que toutes les phrases qu'elle contient ont été dictées par votre cœur et ornées des grâces de votre esprit ; je suis plus touchée que jamais aussi des sentiments que vous me témoignez ; je trouve encore dans cette lettre un caractère de vérité, de sensibilité, d'intérêt, qui me charme plus encore que l'esprit dont elle est conçue. Ah! mon bel ange, cela me fait ressouvenir de notre bon temps... c'est par ces souvenirs que je me sais bon gré de la préférence que vous avez toujours eue dans mon cœur ; car enfin à vingt ans à peine, on peut bien se tromper et prendre son c... pour ses chausses... Non! c'est que la nature libérale envers vous de tous les dons qui donnent les

*plaisirs, vous a doué aussi d'un cœur bon et sen-
sible. Je ne sais si c'est cette petite lacune que
vous avez laissée sans me donner de vos nouvelles, qui me rend plus sensible le plaisir d'en
recevoir ; mais tenez, mon bel ange, jamais mon
cœur ne fut plus tendre, et je sens que je vous
aime plus tendrement qu'on n'a jamais aimé !...
Que votre femme ne s'avise pas de se mettre
martel en tête sur ma déclaration, car je lui rive-
rais son clou, et je lui dirais qu'elle en fait bien
autant, que d'ailleurs moi il faut que j'aime
davantage, puisque j'ai à aimer vous deux : et,
quand elle en aura pris sa part, elle verra bien
qu'il n'y en aura pas de trop pour mon ami :
et puis, est-ce que mes cheveux blancs ne me
valent pas une bonne calotte de plomb sur la
tête qui m'avertit bien que printemps, plaisirs,
amours, tout est passé pour moi. A propos de
cheveux blancs, tiens, mon bel ange, je veux te
gratifier, aux premiers jours de l'an IX de la
République, autrement dit 1800, de l'ère de nos
vieilles amours, d'un petit bouquet de mes cheveux,
ils ne sont pas d'un beau blanc encore, car j'ai des
restes de noir, de sorte que j'aurais pu représenter
au temple de Mars, dernièrement, la cavale du
grand Turenne, la pie... mais enfin, tels quels :*

> *Les voilà, ces cheveux depuis longtemps blanchis ;*
> *D'une longue union qu'ils soient pour nous le gage.*
> *Je ne regrette rien de ce que m'ôta l'âge ;*

Il m'a laissé de vrais amis.
On m'aime presque autant, j'ose aimer davantage :
L'astre de l'amitié luit dans l'hiver des ans,
Fruit précieux du goût, de l'estime et du temps,
On ne s'y méprend plus : on cède à son empire,
Et l'on joint sous les cheveux blancs,
Au charme de s'aimer, le droit de se le dire.

Voilà ma façon de penser, *comme disait, à tout propos, ce preux M. de Biron. Tu te le rappelleras peut-être, quand il me disait, par exemple : Moi..., maréchal de Biron, je me lève le matin; en sortant de mon lit, je mets des bas gris, la culotte pareille, une robe de chambre de piqué blanc; je vais dans mon jardin voir mes fruits, mes arbres; je rentre chez moi; je me mets à mon bureau ou je ne fais rien... on m'apporte mon déjeuner... voilà ma façon de penser... »* Et moi, *comme mon bel ange ne peut plus rien connaître de ma façon d'agir, il faut bien que je retrace au* moins *ma façon de penser.*

A propos de façon d'agir et de façon de penser, ta jeune compagne veut donc déjà se donner les airs d'avoir la maladie des vieilles ! Qu'elle ne croie pas en tirer tant vanité ! car celle-là est de tous les âges, et moi qui te parle, j'en ai été chiffonnée depuis celui de trente-trois ans jusqu'à celui de quarante, qu'il m'a fallu avoir recours aux eaux de Barèges, Bagnères, qu'il m'a fallu aller chercher par delà les monts... Je suis bien fâchée, pour ce moule à bon cœur,

*qu'elle souffre ainsi, mais comme elle est encore
dans la vigueur de l'âge, elle en supportera mieux
les assauts du combat ; et, excepté les eaux de Barèges,* les bains, *mais bien modérément encore,
cela ne fait que relâcher la fibre et gonfler les vaisseaux de certaine partie qui ne doit être tourmentée par aucun excès. Éviter les ragoûts, les
choses fortes, et beaucoup d'exercice à pied. Jamais
de saignée que par les sangsues! quand elle est*
indispensable; *alors elle sera immortelle comme
son bon esprit et son bon cœur, dis-lui bien à
cette bonne compagne de ta vie, que je l'aime
bien et mieux que bien encore! Mais je lui en
veux cependant un* tantet *de me laisser, comme
cela, un si long temps sans me donner de ses
nouvelles, des tiennes, des vôtres, en un mot,
puisque l'amour et l'amitié ont trouvé le secret
de ne faire qu'un de vous deux. Pauvre moi! c'est
bien différent, je suis impair :* che sciagura —
d'esser senza coglione, *et pourtant il me faut,*
comme le docteur Pangloss, me trouver *dans le*
meilleur des mondes possibles : *violée!... autant
qu'on peut l'être... mangée!... par les Bulgares,
vieille! comme les rues, pauvre! comme Job. —
Tu vois que j'aurais tort de ne pas trouver que
tout est pour le mieux. Je viens dans ma tanière
pour y manger mes pois, mes fèves, mes choux.
Voilà que la sécheresse les empêche de croître!
que les vers se jettent sur ce qui reste en terre,*

*et que j'ai à peine du persil pour mettre sur une
bosse au front,.. Tout cela fait pitié! heureusement que je ne suis pas autant sur ma bouche
que sur mon cœur, car je s'rais ben à plaindre...
Mais un p'tit peu d'pain sec et d'bons amis,
voilà le bonheur! d'ailleurs, quoique j'aie été dans
une jolie passe, dans le courant de ma vie, j'ai
toujours bien vu, bien pensé, bien réfléchi qu'il
n'y avait jamais de vie heureuse, qu'il y avait
seulement des jours heureux dans cette vie, et
même en pensant profondément, je croirais en
vérité qu'on n'y a que des nuits heureuses, à
cause de ce que tu sais bien,* de c't'aveugle.

*A propos d'aveugle, eh bien! commencez-vous
à voir plus clair dans vos affaires à Paris?... On
dit qu'on y parle beaucoup de la paix. Si elle
pouvait nous arriver bientôt! quel bonheur!...
après nos échauffourées, si nous pouvions l'obtenir! En vérité, nous ne devrons ce bonheur qu'à
Bonaparte; pour moi, on en dira ce qu'on voudra, mais c'est un héros! tout ce qu'il a fait
dans la Révolution est marqué au cachet du
grand homme, même quand il a agi sous les
ordres du directeur Barras... encore que l'on
trouve cette tache en sa vie!... Mais examinons
depuis!... quel génie, quel personnage extraordinaire! qui dans la France eût fait ce qu'il a
fait pour les Français, qui? quel homme? Avec
une taille peu avantageuse et un extérieur peu*

*imposant, qui aurait su, comme lui, donner tout
à coup à la France l'impulsion qu'elle en a reçue,
et que le plus puissant monarque, Louis XIV, si
vous voulez, avec son beau physique, sa toute-
puissance et la plus habile politique, eût vainement tenté de produire ?... Quelle imagination
vive ! Quelle éloquence forte, persuasive, pleine
de feu ! Ma foi ! c'est un homme, ou je ne m'y connais pas. Je sais bien que tout le monde ne pense
pas comme moi : eh ! ma foi ! tant pis pour eux.
Je crois qu'en Allemagne on le hait comme usur-
pateur, et en Angleterre comme vainqueur...
mais ceux-là ont leurs raisons pour ça ! Mais un
Français haïr Bonaparte, après le gouvernement
atroce dont il nous a délivrés, ainsi que de tous
les malheurs ensemble ! On dit : Mais ce n'est
plus une république !... On dit aussi le roi Bonaparte, etc., etc. Eh ! que m'importe, à moi, le
nom... quand il m'est bien démontré que la perfection d'une république est une chimère, et que
la perfection d'un despotisme est une horreur :
que pour maintenir ces glorieuses chimères, il
n'est point d'état républicain qui n'ait eu recours
à des moyens forcés, violents, surnaturels, une
multitude de lois inexcusables, ruineuses, meur-
trières : des républicains qui sont libres et qui
cherchent toujours la liberté, qui veulent être
tranquilles et qui ne le sont jamais ! où il n'y a
d'innocents que les victimes ! où l'on n'a trouvé*

*que des assassins, des bourreaux dans chacun de
ses représentants! Nous nous sommes mal em-
barqués! Nous avons cherché une contrée imagi-
naire! Voilà assez longtemps que notre vaisseau
est battu de la tempête, que nous allons d'écueils
en écueils... contentons-nous de n'être pas brisés
sur un rocher... — Ressouvenons-nous des Ro-
mains : le système républicain fut sa fable aussi ;
il fuyait le despotisme, et le despotisme fut sa
fin... telle est la mauvaise constitution du gouvernement républicain! il hait le despotisme, il
veut affecter l'égalité et la liberté, qui en est la ressource et le soutien dans les temps difficiles.
Voyez, lisez l'histoire de toutes les révolutions,
celle de la république d'Athènes et de Rome, eh
bien! n'a-t-il pas fallu, pour se conserver, que
souvent Rome oubliât qu'elle était république et
qu'elle se soumit à des décemvirs... à des dicta-
teurs, etc., des censeurs souverains, eh bien! nos
trois consuls ont été nommés par le peuple
qui n'en reconnait qu'un, tant le gouvernement
d'un seul est dicté par trente-cinq millions
d'hommes! Mais que disent nos amis sur tout
cela? Nous en connaissons d'aucuns cependant
qui ne sont pas bêtes! Pierrot[1] et le Boiteux[2] ont
quelquefois chanté des paroles sur cet air-là avec*

1. M. de Sainte-Foy.
2. M. de Talleyrand.

l'ami de Thélaïre! Ce grand politique de nos cours et de nos jours, je ne crois pas, s'il vivait encore, qu'il n'eût pas ri à gorge déployée de nous voir jouer ainsi au roi dépouillé, à pet-en-gueule, à broche-en-cul, et aux Saturnales, etc., etc. Ces diners dans les rues ! tandis qu'on ne laissait pas aux malheureux ni une bouchée de pain dans leur chambre, ni un sou pour en avoir! C'est comme l'histoire de ton pauvre imbécile aux boucles de souliers, que l'on lui fait mettre dans la poche pour le mieux voler... Allons, allons, mon toujours bien-aimé, je suis en vérité honteuse de la longueur de ma lettre! mais je ne pense tout haut qu'avec toi ou l'ami Darcet, et j'avais un besoin de te parler qui ne peut s'exprimer. Je m'en régale, comme tu vois! il me semble que j e te parle comme si tu étais là; cependant ça n'est pas, car je t'aurais déjà couvert la face de cent baisers, mais bah ! un baiser au bout de ma plume, c'est comme de rien... eh bien ! tiens, embrasse ta femme pour moi, qu'elle te le rende fort et ferme et je rêverai le reste.

Bien des choses de ma part à nos amis Sainte-Foy, Bougainville, le bon Serva, etc., je dirais presque l'aimable Talleyrand. Ne m'oubliez pas non plus auprès de M^mo Desentelles, à laquelle je souhaite bonheur et santé, santé surtout.

Je n'ai pas reçu les livres que tu m'annonces et que je recevrai avec reconnaissance, je les attends.

LVII

A BELANGER

Du Paraclet-Sophie, ce 6 nivôse an 9
(27 décembre 1800).

*J'ai reçu une lettre de vous, mon bel ange,
bonne, douce, aimable comme vous, qui a mis la
joie dans mon cœur, par des témoignages d'attachement que vous m'y donnez, qui non seulement
me donnent courage à supporter la vie solitaire
et les privations, auxquelles je me vois forcée[1]
par la perte de ma fortune, suite fâcheuse du
malheur des temps et des circonstances et des
événements si horribles, si multipliés vers la fin
de notre siècle, etc.; mais encore vous y faites
renaître dans mon cœur la consolante espérance.
Enfin, j'ai été heureuse, j'ai répondu à votre
lettre dans le même moment, en vous remerciant
bien de l'envoi des deux livres! que vous m'y
annonciez et que j'ai reçues aussi... Tout cela est
bel et bon, mais! il y a déjà quelque temps de
cela, et l'ennui me prend de n'avoir pas reçu de
vos nouvelles depuis; et l'événement qui vient*

---

1. Dans une lettre du même temps adressée à Quétant : —
« *Cela fait pitié!* » dit Sophie parlant de son dénûment et
des contrariétés de sa vie. (Catalogue d'autographes 21 juin
1835.)

*d'arriver à Paris, me rend encore plus urgent le
besoin d'en savoir : ainsi, mes amis, donnez-m'en.
J'envoie exprès ma femme de chambre chez vous
pour m'en rapporter de plus certaines ; je ne vous
demande autres nouvelles, que des vôtres... et
s'il ne vous est rien arrivé, si le hasard ne vous
a pas attirés, ainsi que vos affaires, dans le quartier où est arrivée cette abominable catastrophe ;
s'il n'est personne de mes amis, des vôtres, de
victimes ! Ah ! bon Dieu, quels gens abomi-
nables !... Quel expédient contre un seul homme ;
eh ! quel homme encore !... auquel nous decons la
paix, le bonheur dont nous jouissons ; tenez, mes
amis ! j'enrage de mon impuissance contre de
tels scélérats : mes fils, aux armées, mon hussard
vient bien de nous venger à l'armée du Rhin
contre les Autrichiens. Lui et ses compagnons
d'armes, s'entend ! viennent de leur faire mordre
la poussière ; dans la dernière affaire qui s'est
passée à Hébétenden et Malskerden, passé le
défilé de Saint-Christophe, ils ont pris à ces
cruels ennemis un parc d'artillerie de 87 pièces
de canon et 200 caissons pleins de munitions ;
leur perte en hommes est de 16 à 17,000 hommes
tant tués que blessés et prisonniers, et sans exa-
gération ! car le commandant de la place de
Munich, à ce qu'ajoute Brancas. où ont été em-
menés les prisonniers, en a déjà compté lui-
même 9,800, — et tous les jours on en amène de*

*toutes parts. Les bois sont pleins de gens, de che-
vaux égarés, et qui ne savent où aller, les chemins
sont jonchés de leurs cadavres et de leurs blessés;
on n'a pas assez de voitures pour transporter
ces derniers. De notre côté, Brancas évalue la
perte à* 3,000 *hommes; il m'ajoute :* Ce n'était
pas une bataille, c'était une boucherie. *Charlot,
notre prince de Ligne, est pour la troisième fois
de sa façon du nombre des prisonniers ; c'est un
petit service d'ami, apparemment, qu'il a dû
rendre à notre ami... mais chut! point de plaisanterie!* Taisez-vous, Sophie, d'autres temps !
d'autres soins ! — *au demeurant,* pour en revenir à nos moutons ! *les ennemis ont perdu deux
généraux et deux prisonniers. Notez encore notre
brave hussard, qui peut dire comme La Rissole du*
Mercure galant : « J'ai même à leur mort un
peu contribué. »

*Notez que toute cette perte des ennemis tombe
sur les meilleures troupes et soldats d'élite, tous
bataillons de grenadiers! Ils venaient nous atta-
quer et nous aussi, nous étions nous autres sur
la droite (le* 9ᵉ *de hussards), où nous avons bien
attaqué, bien défendu, avec de grands succès,
sans perte, sur les hussards de Granitz, troupe
tant aguerrie, tant renommée, etc., etc., etc.*

*« Je vous embrasse bien tendrement, séchez vos
pleurs, ma tendre et bonne mère, faites part, je
vous prie, de cette grande et bonne nouvelle à*

tous vos amis. — Comme vous mettez toujours le citoyen Belanger à leurs têtes, ainsi que son aimable et spirituelle épouse, chargez-vous en même temps de me rappeler à leur souvenir, amitié bien tendre au mari, mes respects et mes hommages à la femme, et si vous voulez, un tantet de ressouvenir du hussard aux aimables femmes de leur société. » — C'est dit, le papier me manque, et je n'ai plus que la place que je voudrais occuper dans votre cœur! pour vous dire que vous comptiez jusqu'à son dernier soupir sur celui de votre bien aimante Sophie.

P. S. Mme Belanger devrait bien me donner plus souvent de ses nouvelles! Elle qui a si bon cœur, ne doit pas oublier les malheureux[1].

LVIII

A BELANGER

Du Paraclet-Sophie, le 16 pluviôse an 9
(6 février 1801).

En vérité, mon bel ange, il y a trop longtemps que vous ne m'avez donné de vos nouvelles, ainsi que celles de votre femme, et je ne vous pardonne pas, à l'un et à l'autre, d'oublier ainsi la pauvre solitaire. Je ne vous en ai pas plus tôt fait les

1. Collection de lettres autographes de M. Chambry.

*reproches, parce que depuis un mois je comptais,
de jour en jour, aller à Paris et vous chanter une
pouille de la bonne sorte sur l'air et les paroles de
Lise..... « Peut-on affliger ce qu'on aime. » Cent
mille obstacles se sont opposés à l'exécution de
mon projet; toutes les intempéries de la saison,
quoique à proprement parler nous n'ayons pas
eu l'hiver encore, pas de gelée, dont bien me
fâche, vu le besoin qu'on en a pour tuer les in-
sectes qui ont tout mangé l'année dernière, ce
qui nous a privés de fruits, de légumes, etc., de
toutes sortes pour mes provisions d'hiver, car on
ne dit plus de carême. Voilà pour le mauvais
temps... ensuite j'ai été retenue, d'une autre
part, par le manque d'espèces !... de celles sans
lesquelles on ne peut rien faire dans ce bas
monde. J'aurais été à Paris, fort bien! mais je
n'aurais trouvé ni vin, ni bois, ni de tout ce
qui est de première nécessité pour exister, ce
que je trouve ici en me chauffant de mon bois,
et buvant le vin du cru... crud... comme tu dis
fort bien ! mais enfin je m'en contente, car je
suis comme Madelon :*

> *Ce n'est pas cela.....
> Cela qui me met en peine.*

*Je ne suis pas sur ma bouche, comme tu sais
bien encore, mon bel ange. Voilà déjà bien assez
de raisons que je te donne, mon ami, pour que*

tu juges qu'il n'y a pas de ma faute. Mais vous autres !... quelles sont celles que vous me donnerez pour me prouver que vous n'avez pas tort d'être restés si longtemps sans me donner de vos nouvelles, hein, dites ? Moi, c'est dit, je n'ai pu écrire, parce que je devais aller en personne voir mes amis, et de ce nombre mon bel ange est toujours à la tête, ainsi que son aimable et spirituelle compagne, surtout depuis que les deux ne font qu'un, car auparavant je disais bataille... *Enfin, suffit ; n'allons point à Paris. Pour en revenir à mes moutons, j'avais à t'écrire et à mander à ta femme que j'avais mille choses à lui dire, compliments... c'est bien leste... au fait, c'est de la part d'un hussard, mais ce hussard est mon fils, et il sait comme il faut parler aux dames ; en conséquence, il me charge d'hommages respectueux pour* M^{mo} *Belanger, témoignage d'amitié bien tendre au mari, et puis un tantet de galanterie aux belles et gentilles dames avec lesquelles il a eu l'honneur et le plaisir de se trouver chez eux. Ainsi, tenez-vous cela pour dit, mes amis. Ensuite j'ai à vous dire encore que mon hussard, mon cher Constant, m'avait écrit derechef trois ou quatre lettres, toujours chargées des choses les plus aimables pour* Mme *Belanger et le bon compagnon de sa vie, il entre dans les détails les plus précis sur l'affaire du 24 frimaire qui nous vaut la paix aujourd'hui, ce que j'espère, et dont*

*Brancas s'est retiré chargé de gloire et sans bles-
sures, quoiqu'il ait fait à lui seul plus de 400 prisonniers, dont notre prince de Ligne est du
nombre, qu'il ait eu tant de chevaux tués sous
lui, en un mot qu'il ait fait le diable à quatre...
Bref, le chef de brigade de son régiment n'a pas été
si heureux, car il a été tué sur le champ de bataille,
ce qui a nécessité Brancas de prendre le com-
mandement, ainsi que cela se pratique. Il s'agissait, d'après cela, de mettre promptement les fers
au feu et de solliciter cette place pour notre enfant, place qui lui revient de droit, sans compter
qu'il l'a bien méritée par ses bons et loyaux services. En conséquence, Brancas pense tout de suite
à écrire à sa mère, en l'engageant de s'adresser à
tous ses amis pour l'aider dans ses sollicitations,
et à l'ami Belanger surtout, qui dit connaître
quelques-uns des entours du premier consul ou
du général en chef de l'armée, le général Moreau.
Sur ce, dans le même moment je t'ai écrit et
comptais te faire porter ma lettre par ma femme
de chambre ; point du tout, elle est tombée malade et puis est survenue l'affaire abominable de
la rue Nicaise... J'avais écrit précédemment à
mon ami Decombes, du ministère de la guerre,
au citoyen Pétier, mon ami aussi, conseiller
d'État à la guerre, à un autre ami encore, le citoyen Daru, commissaire des guerres, secrétaire
général du ministre de la guerre. Ces deux der-*

niers sont à l'armée d'Italie, ainsi néant. Le premier ami, le citoyen Decombes, après avoir rempli sa tâche en ami, m'a conseillé d'écrire directement au ministre[1], parce que, m'ayant nommée à lui, il paraissait se rappeler avec plaisir et mes talents et ma personne et l'amie de feu son père; j'ai écrit, j'ai eu une réponse honnête et conseil de m'adresser au premier consul que cela regardait seul. M. de Lauraguais étant à Paris, je lui ai mandé tout cela, et il a fait avec grand intérêt, grande activité, tout ce qu'il était en son pouvoir de faire. Il a trouvé en son chemin un homme qui nous sert mieux que tous; c'est le petit Morel, qui se trouve être l'ami intime du général Moreau et de sa femme qu'il ne quitte pas, et c'est du général Moreau que dépend la place que demande Constant Brancas, chef d'escadron au 9e régiment de hussards, armée du Rhin. Ainsi vois, mon ami, ainsi que ta femme, si vous pouvez nous servir l'un et l'autre en ceci : ta femme connaît peut-être aussi la femme du général Moreau. Tu connaîs Morel, ainsi voyez, je compte sur vous, mes amis : je vous le dis sans plus de façon parce qu'en amitié c'est ainsi qu'on en use... La lettre où je vous mandais tout cela, devrait vous être parvenue depuis plus de trois semaines; un qui-

---

1. Sophie écrivit au ministre, le 14 nivôse an IX (4 janvier 1801.) Catalogue d'autographes du 6 juin 1849.

proquo a fait qu'elle n'a pas été remise. Ce que je vous mande ici serait de la moutarde après dîner, s'il n'était pas temps encore de solliciter le général Moreau ; mais j'apprends dans l'instant, par une lettre de M. de Lauraguais, que le premier consul a répondu au général Lacuée, du conseil d'État au département de la guerre, ami du premier consul et aussi d'Henriette (Mme Saint-Leu, cette fille de Mme James), que lui, premier consul, ne ferait aucune nomination, aucun remplacement, que d'après le travail qu'en aurait fait le général Moreau. Ainsi, mon ami, te voilà au courant de cette affaire ; dis à ta femme que je lui rends tous mes droits maternels pour faire un colonel de ton jeune et pourtant bien ancien ami puisque c'est le fils de ta Sophie.

Adieu, je vous aime bien, encore mieux que bien, mes amis, croyez-en le cœur de votre

SOPHIE ARNOULD.

Embrasse bien tendrement ta femme pour moi et vous, madame, toutes les fois que vous ferez ces choses, faites-les en mémoire de moi.

P. S. Que fait le bon Moyreau ? Comment se porte-t-il ? il y a un siècle que je n'ai entendu parler de lui ; il n'a répondu qu'à une lettre de moi, et je lui ai écrit quatre fois au moins de-

puis ce temps ; je ne sais si c'est ma faute, si je mets mal l'adresse... Celle qu'il a reçue, je l'avais envoyée par quelqu'un ; la poste est bien peu exacte ici... En serait-il de même à Paris ? ou notre pauvre ami serait-il malade ? Donnez-moi de ses nouvelles et des tiennes, le tout bien vite.

Je profite des douceurs de la saison pour faire remuer mes terres et replanter les bois que j'ai fait abattre pour manger, quoique ce soit un mets bien dur ; eh bien ! tout cela est fricassé et même digéré ; qu'y faire, il faut vivre primo [1].

1. Le Paraclet-Sophie, dont il ne semble plus rester que des arbres superbes et une pièce d'eau, avait été acheté par Sophie Arnould, avons-nous dit, en 1790. Voici, sur l'achat, les renseignements que veut bien me transmettre M. Hahn, greffier de la justice de paix à Luzarches. Le domaine de Ro-quemont, que les religieux du tiers ordre de Saint-François avaient reçu en donation, le 12 mars 1652, de René Coiffer, fut possédé par eux jusqu'au fameux décret de l'Assemblée natio-nale du 31 mars 1790, qui déposséda l'ordre. Le 20 décembre de la même année, Roquemont était vendu par les adminis-trateurs du district de Gonesse au citoyen Jacques Mughier, qui fit aussitôt déclaration de *command* au profit de Made-leine-Sophie Arnould, par acte privé devant M⁰ Boucher, notaire à Luzarches.

Le 21 mars 1793, Sophie Arnould passait un acte chez M⁰ Boucher, par lequel elle revendait une partie de ses terres, vignes et prés à elle adjugées, trois ans auparavant.

La propriété qui peut-être n'avait pas été payée par la chanteuse, et sur le fonds de laquelle Jacques Mughier avait conservé des droits, était définitivement acquise par lui, le 13 germinal an III (3 avril 1795). Depuis, ce domaine était revendu en 1809, en 1819, en 1822, en 1826, en 1837, en 1867, année où il était acquis par M. Boucher, sénateur, le petit-

LIX

A BELANGER

Ce 1er ventôse an 9 (20 février 1801.)

*Je suis à Paris, mon bel ange, vous savez
quelle perte j'ai faite et l'ami que j'ai à regretter* [1] *!... mais vous êtes et serez toujours le plus
avant dans mon cœur; en conséquence, j'ai besoin toujours de vous voir et de me savoir aimée
de vous... Les temps ont été si mauvais, depuis
quatre ou cinq jours que je suis à Paris, que je
n'ai pu trouver les moyens de nous voir : j'ai été
aussi consoler, ou pour mieux dire pleurer avec
les amis qui me restent, celui que nous avons
perdu. Enfin me voilà, mon bel pauvre ange, je
veux vous voir tous deux, ta femme et toi; dis-*

fils du notaire en l'étude duquel avaient été passés les actes
de 1790 et de 1793.

A la mort de Sophie Arnould, le 22 octobre 1802, les scellés
étaient apposés, à la requête de son frère, sur les trois chambres restées sa propriété, ou du moins dont le mobilier lui
appartenait. Le 23 octobre, opposition était faite par son fils
Dioville-Brancas et son gendre Murville. Les prétentions de
Brancas et de Murville, agissant au nom des enfants qu'il
avait eus d'Alexandrine Arnould, étaient repoussées, et un
arrêt du tribunal de première instance du 22 frimaire an XI
(13 décembre 1802) rejetait leurs demandes, les déclarant en
leur qualité d'enfants naturels, inaptes à hériter.

1. Darcet, le chimiste. *l'amy Darcet,* comme l'appelle Sophie.
mort le 12 février 1801.

moi le jour, et cela bientôt, car j'ai très peu de temps à rester ici. Bonjour, mon toujours bien-aimé. Je te donne un baiser sage et doux ; donnes-en un autre à ta manière à ta campagne, mais à l'intention de ta Sophie.

LX

A BELANGER

Paris ce 26 germinal an 9 (16 avril 1801).

Que le diable emporte les méchants qui viennent sans cesse troubler le repos, le bonheur des bonnes gens ! C'est avec bien du chagrin, mes bons amis, que je viens d'apprendre que ces vilaines gens de votre terre d'Ormesson viennent vous tourmenter et intenter appel contre les jugements qui ont tous été en votre faveur... Dites-moi, informez-moi bien exactement où en est tout cela, et si bientôt vous n'aurez pas bonne justice de ces perturbateurs. Tenez je ne décolère pas contre tous les événements, contre les gueux dont on est assailli, et qui viennent comme ça vous bouleverser la tête... Et moi aussi je suis tracassée, non pour le bien qu'on veut me reprendre, car je n'ai rien... et que je puis défier sur cela les plus fameux filous !... mais j'ai une charge bien pénible dans cette petite

Murville... On veut me la rendre encore du dernier endroit où j'avais été trop heureuse de la placer ; sais-tu si ta femme, mon aimable, ma spirituelle amie, a eu une réponse quelconque de son ami Vigier ? En tout cas, je me recommande sur cela à son bon esprit comme à son bon cœur. J'en étais là de ma lettre, lorsque je reçois le billet de mes amis. Je suis bien charmée d'apprendre de leurs nouvelles ; mais j'aurais désiré qu'en même temps ils m'eussent appris de celles de ce maudit procès. Quant à moi, je fais une consultation aujourd'hui sur ma santé, et verrai à faire tout ce qui dépendra de moi pour ne me point brouiller avec elle... mais malgré mon courage, je sens qu'il se fait un combat douloureux entre mon moral et mon physique. J'y veux remédier, puisqu'aujourd'hui la santé que je possède est le seul bien qui reste à la pauvre

SOPHIE ARNOULD.

P. S. Je ne vous promets pas d'aller le 5 de la décade prochaine, comme vous m'y invitez, mais si je ne peux aller manger votre dîner, j'irai toujours vous manger de caresses, avant de retourner dans ma chaumière manger mes choux. Embrassez-vous pour moi l'un et l'autre, aussi tendrement que je vous aime.

LXI

A BELANGER

Paris, ce 13 floréal an 9 (3 mai 1801).

*Que vous êtes donc bons, mes amis! que vous
êtes bon, mon bel ange! quel bon cœur! que je
me sais gré de la préférence que vous avez toujours eue dans le mien sur tout ce qui existe au
monde. Si vous saviez combien je suis sensible à
vos offres si obligeantes. Oh! toi qui savais si
bien lire dans mon cœur! toi qui savais si bien
m'entendre, je laisse à ton cœur le soin de devi-
ner le mien : il est toujours le même pour toi,
— de tout moi, tiens, mon ami, il n'y a que ma
gaine de changée, ma santé est toujours bien
dolorée. Les savants Esculapes, Pelletan de l'Hô-
tel-Dieu et Boyer de la Charité ont fait leur visite[1] et trouvent que j'ai à avoir courage et constance.*

*Le docteur Michel doit suivre cette cure, et nous
verrons! me voilà comme le Valcin des Fausses*

1. L'*Arnoldiana* dit : Sophie Arnould était attaquée d'un
squirrhe au rectum, qui lui était survenu à la suite d'une
chute. Un jour qu'elle avait rassemblé plusieurs docteurs
pour examiner le siège secret de ce mal douloureux, elle dit:
« Faut-il que je paye maintenant pour faire voir cette chose-
là, tandis qu'autrefois... »

infidélités, j'attends ; *c'est bien cher pour une fille
de cœur, quand la paix s'annonce si bien dans
nos Pays-Bas, de voir l'ennemi venir s'établir
dans les siens.*

Ça ne devait pas finir comme ça.

*Eh ! Sophie méritait un meilleur sort... Encore
la pauvre bête... mais bernique... eh bien, quand
je m'en désolerais ! à quoi cela m'avancera-t-il ?
ma foi, je prends mon parti en brave, au bout
du fossé la culbute. Quoi qu'il en soit, je vais me
soigner et guérir, si c'est le bon plaisir de ces
messieurs.*

*J'accepte ce que vous me proposez, mes amis,
et au besoin je vous le demanderai, puisque vous
en ordonnez ainsi. Portez-vous bien, aimez-moi
toujours, c'est le spécifique le plus souverain que
je connaisse à mes maux ; quel bonheur plus
grand d'être aimé de ce qu'on aime, moi je vous
aime et scelle cet aveu d'un baiser bien tendre.*

SOPHIE ARNOULD.

*P. S. Je n'ai pas vu encore le beau, le bon
Vigier, il m'a promis de venir me voir, et j'y
compte. Comme je garde la chambre, je compte
bien vous voir, mes amis, le matin ou le soir,
quand vous en aurez le temps, car je sais combien vos occupations sont grandes, et qu'au temps
où on ne devrait avoir à penser qu'à son repos,*

*il faut travailler pour vivre : Ah ! c'est bien gentil ça !... moi, je vais travailler à raccommoder mon cuvier puisque les dieux en ordonnent ainsi : cela ne me servira pas à grand'chose... mais enfin, on ne sait ce qui peut arriver. La fin de ce siècle a été si féconde en miracles que le commencement d'un autre peut avoir ses prodiges. Allons, bonjour, bonjour, mon pauvre ***, je t'aimerai jusqu'à la mort et je veux vivre encore bien longtemps*[1]. *Couche toujours bien avec ta femme, car c'est de discontinence que j'ay mon mal... on ne s'en serait pas douté, n'est-ce-pas ? Eh bien, c'est peu certain comme ça que je guérisse, et nous verrons...*

LXII

A BELANGER

Paris, ce 29 floréal an 9 (19 mai 1801).

Bonjour, mes bons, mes sensibles, mes généreux amis. L'intérêt que vous avez pris à moi, les soins si tendres que vous m'avez prodigués m'ont rendue à la vie, et c'est pour vous annoncer le miracle qui s'est opéré sur ma santé, depuis quatre jours, que je vous trace ces lignes. D'après la visite dernière du citoyen Boyer, chirurgien

1. Collection de lettres autographes de Goncourt.

*tant habile, le squire est tellement dégagé de
cette humeur dont il était enveloppé, qui en aug-
mentait la masse, les douleurs et le danger, que
de concert avec le docteur Michel, mon médecin,
ces fameux Esculapes chantent presque victoire,
et moi, qui me sens débarrassée de ces douleurs
exécrables et continuelles que j'ai éprouvées pendant dix-sept jours, sans avoir une minute de
repos, vous entendez bien, mes amis, que, douée
encore de la voix et du talent que vous m'avez
connus, je mêle à ces chants de victoire mes
accents les plus doux. Je leur dois ce repos, cette
cessation de tourments, et pourtant j'aime à
croire, mes amis, que le bonheur que m'ont procuré
vos soins, vos tendres sollicitudes, en a fait plus
que tous les docteurs, les topiques, les bains, les
lotions, etc., etc., etc., enfin tous les remèdes possibles. Jugez, d'après cela, de la tendresse, de l'amitié, de la reconnaissance de votre tout aimante*

Sophie Arnould.

*P. S. Je ne vous en écris pas plus long, parce
que l'attitude que je suis obligée de prendre pour
éviter les douleurs n'est pas très commode. N'importe, couchée ou debout, je ne veux pas clore
ma lettre sans vous embrasser tous deux aussi
tendrement que je vous aime.*

*Un petit souvenir d'amitié pour Sophie à cette
bonne amie, Mme Juot.*

*Je n'ai point vu cet aimable, ce bon, cet
excellent M. Vigier, comme vous me l'aviez
promis. Dites-lui de ne pas oublier ce dépôt
précieux qu'il a commis à ma garde, en attendant
mieux. C'est cette Clémentine, fille de Murville,
dont je veux parler. Je voudrais bien qu'elle fût
déjà rendue à l'auteur de ses jours... Amen.*

LXIII

A BELANGER

Paris, ce 11 prairial an 9 (31 mai 1801).

*Bonjour, mes bons amis. J'ai toujours des dou-
leurs cruelles ; mais les remèdes me font des
miracles !... Ainsi, il n'y a que courage à avoir,
disent mes Esculapes. Ce qui m'en donne plus
que tout au monde, c'est de me savoir aimée de
vous, et que la vie que je cherche à conserver
vous intéresse !... Aimez-moi toujours et ne me
plaignez plus tant, car je suis heureuse en ce
moment : je viens de recevoir une lettre de mon
hussard, de mon Constant, de ce fils tant chéri
par moi, et qui mérite si bien toutes mes tendresses. Et comme s'il eût deviné toutes vos bontés
pour moi, quels amis j'ai entre le mari et la
femme, il me dit des choses si particulières pour
vous, il me charge de le rappeler à votre souvenir d'une manière si distinguée, avec des*

*expressions si amicales, si tendres que je ne peux
les exprimer. Tenez-vous donc pour dit, mes
amis, que jamais il n'y a eu des sentiments plus
tendres pour vous que ceux du fils et de la mère.*

SOPHIE ARNOULD.

*P. S. Si les douleurs ne me faisaient pas quitter
la plume aussi souvent*[1]*, j'en aurais bien plus
long à vous dire, mais ces dames sont impé-
rieuses et il faut leur obéir. Cependant, je ne puis
passer sous silence les hommages et les témoignages de respect et d'attachement qu'il a voués
à M*mo* de Breteuil.*

LXIV

A BELANGER

Paris, 29 messidor an 9 (18 juillet 1801).

*Bonjour, mon bel ange, bonjour à vous, sa
bonne compagne... Tiens, mon ami, voilà tes*

1. C'est cette année-là, sans doute, dans ces douloureux
mois, qu'elle écrit au comte Daru une lettre — datée de son
lit — où la clouaient la maladie et la souffrance.
Mais parlons, — lui dit-elle, en sortant de la lecture de son
épître à Delille, — *du bonheur que m'a procuré la lecture de
votre épître. Combien elle a fait de bien à mon cœur ! Quels
doux souvenirs sur ce bon compagnon de ma vie, de mes beaux
jours. Ah ! si l'on pouvait deux fois naître, j'irais à vous et je
vous dirais : Gentil Bernard, soyez des nôtres.*
Causeries du Lundi par Sainte-Beuve : t. IX, Article Daru.

bouteilles vides, et pour la seconde fois... Tu vois que je donne un peu dans la boisson. C'est un plaisir honnête, disions-nous autrefois ! Mais que veux-tu ? puisqu'il m'est interdit de m'amuser depuis les pieds jusqu'à la tête. Ah ! qu'est-ce que c'est que de nous ! Pauvre moi !... Ils sont passés, ces jours de fête. J'en suis fâchée, en vérité, car tout ça était bien gentil. Allons ! allons ! avec du bon esprit et du courage, d'autres bonheurs les remplaceront ; de la gaieté, de la santé... Je ne possède pas encore cette dernière, mais ça viendra ; j'y fais mon possible, et je crois que j'y parviendrai, car, quoique j'aie toujours de fortes douleurs, mon mal diminue sensiblement. Ce brave Esculape Boyer, qui visite cela du doigt et de l'œil, est assez content, ainsi que le docteur Michel. Quand je dis à ce dernier que j'ai pourtant encore des douleurs assez cuisantes, il dit qu'il faut que cela soit comme ça. Bene sit donc...

Quel temps il fait, mon ami ! il me fâche pour les malades et pour les maisons de campagne, car on ne peut guérir les uns ni visiter les autres.

A propos de maison de campagne, si ma belle amie avait besoin d'un meuble de Perse pour Santeny ? Tu sais que j'en ai un assez beau, qui est bien à ses ordres : il est composé d'un canapé et de huit grands fauteuils. Je crois qu'il lui conviendrait. Pour moi, je n'y tiens pas du tout ; je n'en ai pas besoin. Il est à Paris, où ce n'est pas la place d'un meuble de Perse, quoi qu'faut pas tant s'gouailler d'la Perse. Ma belle me donnerait, pour le remplacer, quelques vieux fauteuils à elle, quelques chaises,... presque rien, car pour ce que je fais de tout cela à présent, ça ne vaut pas la peine d'en parler,... et puis elle me ferait tant de plaisir si elle l'acceptait... Tiens, mon bel ange, je dirai foin de toi, si tu ne parviens pas à le lui faire accepter : c'est une guenille, il n'y a que la singularité de la toile qui vaille. Tu sais, c'est de cette Perse, de ces Mamamouchis qui étaient à Paris il y a douze ans. Je ne sais plus leurs noms. Tiens, mon bel ange, tu devrais, sans tant de façons, faire prendre le meuble ici, tout de suite, et puis le faire transporter à Santeny. Là, ma belle, bonne, tendre, spirituelle amie le trouverait, et cela serait charmant ! Fais cela, mon bel ange, et tu m'auras encore fait bien du plaisir en ta vie... Tu sais combien nous nous en sommes fait parfois : eh bien, ça en sera un petit souvenir ! Tu vois comme j'en agis avec vous autres et comme j'ai recours à vous au besoin. Faites de même ; j'y compte. Tiens, mon ami, cela me fera grand plaisir. D'ailleurs, entre amis, il n'y a pas à se gêner. Je vous ai montré l'exemple... Bonjour, mes bons amis ; embrassez-vous bien tous deux pour votre *bien aimante Sophie, et toutes les fois que vous ferez ces choses, faites-les en mémoire d'elle, c'est ainsi que le dit la Sainte-Écriture.*

SOPHIE ARNOULD.

P. S. Je n'ai pas encore vu ce bon Vigier, et j'ai toujours cette Clémentine...

J'ai reçu hier des nouvelles de mon Constant, qui vous fait mille millions d'amitiés. Il se rappelle toujours avec bien du plaisir de l'aimable Mme de Breteuil.

LXV

A BELANGER

Paris, ce 14 thermidor an 9 (2 août 1801).

Bonjour, mon bel et bon ange, bonjour, comment vous va tous deux, ta femme et toi ? Je ne vous demande pas êtes-vous heureux? car qui l'est, ou qui peut l'être par le temps qui court? hormis les fripons, les gueusards, les insouciants! Je me borne donc à te demander des nouvelles de vos santés, auxquelles je prends plus d'intérêt qu'à ma vie... A propos de santé, vous me gronderiez bien fort, je pense, si je ne vous donnais pas de nouvelles de la mienne. Eh bien! elle continue à mieux aller : la tumeur diminue sensiblement, quoiqu'il s'en faut encore qu'elle soit à sa fin ; elle était si considérable aussi, que je regarde comme un miracle l'opération avantageuse qu'ont produite les remèdes. Je suis présentement à mes 72 grains (ou 2 gros) de cet extrait de ciguë : les lotions, fumigations, injections, trois et quatre fois par jour, selon que les douleurs me commandent !... Mais c'est un rude métier dont je voudrais bien être quitte ; ajoutez à cela les médecines de traverse qu'il faut prendre pour servir de balais aux ordures que l'on veut chasser du corps, etc., etc., etc. Ah ! mon Dieu ! ce que c'est que de nous, mon ami, je t'assure que je me serais bientôt dispensée de ces soins pénibles, si je n'étais pas attachée à la vie par les sentiments de la tendresse maternelle pour mon Constant, et par la plus tendre amitié à deux ou trois amis, dont tu seras toujours des premiers nommés par mon cœur. Je ne sais, mon ami, si les gens t'ont dit que je t'avais renvoyé, il y a à peu près huit jours, quinze bouteilles (vides, s'entend) que tu m'avais envoyées pleines, ce qui veut dire que je n'en ai plus d'autres : cependant je m'en passe fort bien ; en vérité, il m'en faut si peu que je ne veux pas te gêner ni être importune sur cet article, d'autant qu'aussitôt que j'aurai reçu quelque argent de ce ministère de l'intérieur (où ils ne me payent toujours pas ; ils me font

*tirer la lanière comme si je leur demandais l'au-
mône), je ferai l'acquisition d'une feuillette de
vin de Mâcon, que j'aime assez, et qui suffira
pour ma fourniture de l'année, puisque j'ai été
si maltraitée dans ma fortune qu'il ne me reste
pas de quoi traiter un chat...*

*J'attends mon fils Constant; une lettre que
j'ai reçue du citoyen Noël, préfet à Colmar, où
le régiment de Brancas est en cantonnement, me
l'annonce. Je ne sais si les bruits qui courent de
cette descente en Angleterre et les préparatifs
qui se font avec vigueur ne changeront pas ce
projet; car notre hussard est toujours très em-
pressé de se battre pour sa patrie, et aller où
il espère de la gloire; en tout cas, s'il vient à
Paris, vous serez bien sûrs que son premier soin
sera d'aller vous renouveler, mon cher Belanger,
les sentiments d'amitié, d'attachement qui règnent
pour vous dans son cœur, depuis sa plus tendre
enfance.*

*Je ne puis plus vous parler de la sœur de Cons-
tant[1], mon cher ami, puisqu'elle n'est plus, mais
je vous parlerai de la fille de cette chère défunte.
J'ai vu M. Vigier, qui m'a dit et assuré que
bientôt il me débarrasserait de cet embarrassant
personnage... il a reçu la procuration qu'il attendait, et il allait accélérer son départ, ce que*

---

1. Sa fille Alexandrine.

je désire bien *vivement et depuis longtemps ; je compte les moments où m'arrivera cette bonne aventure.*

M. Vigier m'a fait pressentir qu'il n'avait pas d'argent pour me donner en ce moment, à quoi j'ai répondu avec empressement : Eh! qu'à cela ne tienne, pourvu que vous en ayez pour la faire partir tout de suite. *Tu m'obligeras, mon ami, de presser ce bien aimable homme d'accélérer ce départ. Comme cette petite fille est à Luzarches, il serait nécessaire de savoir au juste le temps de ce départ pour la faire trouver, à point nommé, à la voiture qui doit la ramener à son père ; c'est à quoi je te prie de veiller. Je te prie aussi d'envoyer le plus tôt possible prendre le meuble de Perse qui est chez moi, et destiné par moi pour ce cher Santeny, et cela de convention faite aussi avec ta chère femme ; je te presse sur cela, parce que j'ai fait revenir quelques meubles de ma chaumière et un lit que je place dans mon salon ici pour mon pauvre hussard, s'il vient à Paris, afin de l'avoir le plus près de moi que je pourrai. Si tu as quelques vieilles chaises de trop, tu me les enverras, ou fauteuils, le tout pour la commodité, ayant renoncé depuis longtemps à Satan, à ses pompes et à ses œuvres. Allons, voilà bien une longue lettre, mais c'est toujours comme cela, quand on écrit à quelqu'un qu'on aime, on n'en finit pas*

*et on a toujours cent mille riens à se dire. Adieu,
je t'embrasse, j'embrasse ta femme et je t'aime.*

SOPHIE ARNOULD.

Bien des amitiés à ta belle voisine.

LXVI

A MADAME BELANGER

Paris, ce premier fructidor an 9 (19 août 1801).

*Il apparaît à mon cœur, bonne et spirituelle
amie, qu'il y a bien longtemps que je n'ai eu
le plaisir de vous voir, et c'est un besoin pour
lui et pour moi, dont nous n'éprouvons pas faci-
lement la privation; ainsi arrangez-vous en
conséquence pour nous rendre heureux le plus
tôt possible. Si j'étais jouissante et agissante des
membres qui me portent et avec lesquels on che-
mine, j'aurais déjà été vous trouver partout où
vous pourriez être, mais malgré le miracle qui
s'opère sur le mal dont j'ai été accablée, je ne
suis pas encore au terme de guérison, et il me
faut rester là, sur mon cul, comme un vieux
singe, ou m'attendre, si je veux faire mieux, de
cheminer avec l'élégance et la vitesse d'une tor-
tue, c'est-à-dire de faire bravement quatorze lieues
en quinze jours ; de sorte que je suis condamnée*

*à rester chez moi ou dans les environs, tout au
plus à deux ou trois rues de là, ou aux Tuileries,
où je me campe sur une chaise, en arrivant,
pour prendre l'air, y regarder les passants et
m'ennuyer de mon oisiveté; c'est une vilaine vie
que cela, mon amie, en la comparant ou même
sans la comparer à notre vie passée... Qu'y faire?
souffrir et puis mourir!... la belle chute!... A la
vérité, ma tendre amie, avec des amis comme
vous et ce bon compagnon de votre vie, il est possible de prendre son mal en patience. Vous êtes
si bons! aussi ne me ferai-je pas faute de votre
obligeance! Par exemple, j'en vais user encore
pour vous prier d'engager cet autre bon, ce
M. Vigier, d'accélérer le départ de cette Clémentine, dont la charge devient de plus en plus
pénible pour moi, qui comme vous savez, n'ai
pas besoin d'avoir des subrecots, et ajouter à ma
dépense; engagez donc ce brave homme, non
pas à me donner de l'argent, mais à la faire
partir pour m'en épargner, ainsi que beaucoup
d'embarras, etc., etc., etc. Comme cette Clémentine n'est pas à Paris, que je l'ai à ma campagne,
auprès d'amis auxquels elle cause de l'embarras,
quoique je paye sa dépense, et que ne les ayant
priés de s'en charger que momentanément, ils
trouvent le temps bien long, et ce n'est qu'en
raison de l'état de maladie où je me trouve, et
par grande considération pour moi qu'ils ont*

bien voulu la prendre en raison de cet éloigne-
ment; il faudrait que l'ami Vigier eût la com-
plaisance de me prévenir trois jours d'avance,
afin d'avoir le temps de la faire revenir ici à
point nommé. Oh! ma bonne, bonne amie, je me
recommande à vous pour cet objet, ne me négli-
gez pas auprès de M. Vigier.

Je comptais aller à ma campagne incessam-
ment, mais mes Esculapes en ont autrement
ordonné; ils disent que je ne suis pas encore en
état de soutenir la voiture, et surtout la voiture
publique, sans grand inconvénient, et puis il
n'y aurait qu'à survenir. . . comment faire
pour se procurer de prompts secours et revenir?
De sorte que me voilà restée là encore Dieu sait
pour combien de temps!

J'ai reçu une lettre de l'ami, du bel ange, de
votre constant adorateur, de mon Constant, mon
bon fils, notre hussard en un mot, qui m'annonce
qu'il sera à mon cou, à vos pieds, du 10 au 15
de ce mois, que je le rappelle à votre souvenir,
que je lui ménage vos bontés, qu'il ira vous
témoigner les sentiments de toute sa reconnais-
sance pour tous vos bons soins, etc., etc., etc.
Attendez-vous donc à le voir, ma chère amie, et
à recevoir des remerciements sans nombre.

Je vous ai déjà fait dire de faire enlever votre
meuble de Perse qui est chez moi et qui va me
gêner si vous le laissez plus longtemps, parce

*que je vais être obligée de mettre un lit pour cou-
cher l'enfant dans la pièce où il est, sans quoi je
n'aurais pas où le coucher, et il n'est pas assez
petit pour me permettre de le mettre dans mon lit,
non pas qu'il en adviendrait ni pis ni mieux, mais
le monde, chère Agnès, est une étrange chose !*

*Adieu, bonne amie, ne soyez donc pas si long-
temps sans venir ou me donner de vos nouvelles.
Surtout, voyez l'ami Vigier... je suis pressée de
jouir... ce n'est pas d'argent, il m'en donnera
quand il pourra.*

*Adieu, je vous embrasse comme je vous aime,
et Dieu sait que je vous aime plus tendrement
qu'on n'a jamais aimé.*

Sophie Arnould.

LXVII

A MADAME BELANGER

Paris, 8 fructidor an 9 (26 août 1801).

*Mais que devenez-vous donc, bons amis, que
je n'entends plus parler de vous ? Si j'avais des
jambes, au moins, ou les moyens d'y obvier, moi,
je courrais après vous. Venez donc me voir, vous
mon aimable amie. J'ai tout plein, tout plein de
choses à vous dire. D'abord attendez-vous à ne
pas me retrouver où vous m'avez laissée, c'est-à-*

dire dans ce grand appartement du premier, maison d'Angivilliers. Je suis à l'étage au-dessous, c'est-à-dire à l'entre-sol n° 11, toujours par le même escalier. Je vous dirai le pourquoi de tout cela et les motifs, etc., etc., etc. Le local est plus petit, moins dispendieux à habiter, partant plus convenable à ma détresse actuelle. Voilà une de mes raisons ; l'autre, ou les autres, tiennent au plaisir d'obliger une femme aimable et faite pour illustrer son nom par ses talents, c'est Mme Benoist. Elle est jeune, aimable, spirituelle ; elle est mère de famille et femme de talent. Je vous dirai le reste verbalement, etc.

Cet appartement, que j'occupe présentement, étant beaucoup plus petit que le précédent, il faut que vous me fassiez le plaisir de me débarrasser de ce meuble de Perse que nous étions convenus déjà de faire porter à votre campagne, et ni vous ni moi n'aurons à nous occuper à le remplacer, parce qu'une demi-douzaine de chaises de paille en feront l'affaire aujourd'hui... Ce qui m'embarrasse bien davantage, c'est cette Clémentine que l'ami Vigier ne s'empresse guère de me débarrasser. Je vous prie, mes bons amis, d'engager, de presser le vôtre de me tenir sa promesse le plus tôt possible. Si M. Vigier n'a point d'argent à me donner, il ne m'en donnera pas ; mais qu'il ait la bonté, au moins, de m'épargner celui que je dépense journellement pour cette petite fille, qui ne laisse pas d'augmenter mes charges dans la position si gênée où je suis. C'est une pension qu'il faut avoir de quoi payer tous les mois ; c'est l'entretien, qui ne laisse pas que d'être considérable en raison de son peu de soin, de propreté, d'arrangement, etc., etc., etc. Voyez donc, mes bons amis, à avoir un peu de pitié pour votre pauvre

SOPHIE ARNOULD.

Un mot de réponse, ne fût-ce que pour me dire où vous êtes, ce que vous faites et comment vont vos santés.

P. S. Mille amitiés de ma part à votre aimable voisine, Mme de Breteuil.

J'attends son constant *adorateur, notre brave hussard. Il se fait une grande fête d'aller vous baiser les mains, aussitôt qu'il sera dans la bonne ville de Paris. Ville n'est plus le mot, c'est Commune. Eh bien ! va pour commune. Mais il ira chez vous, qui êtes des amis qui ne sont pas des communs.*

LXVIII

A MADAME BELANGER

Paris, ce 15 brumaire an 10 (6 novembre 1801).

Bonjour ma sensible et spirituelle amie ; comment vous va ? Comment se porte ce bon com-

pagnon de votre vie, mon éternel ami, celui que je n'oublierai que lorsque je disparaîtrai de ce monde pour aller dans celui où l'on dit que l'on est insensible. Vous ne savez peut-être pas, mes amis, que depuis quinze jours environ, me voilà encore, comme Job, sur mon fumier, et à souffrir comme une malheureuse, quoique mes Esculapes soient enchantés des miracles qu'ils ont opérés sur mes maux. Moi, je trouve que ces messieurs sont faciles à enchanter. Vous voyez, mes amis, ils chantent leur victoire, tandis que je crie mes maux. Ainsi va la vie du monde. C'est comme la paix générale : j'y prends grande part assurément, mais elle ne m'empêche pas de crier misère car je ne puis arracher le sou d'aucun côté, ni le ministre Chaptal, ni l'administrateur Cellerier, il n'est pas possible d'en rien tirer. Je veux bien croire que, dans ce moment, ils n'ont pas d'argent à remuer à la pelle ; mais je crois que leur cœur, leur âme, leurs bons sentiments sont encore plus secs que leurs coffres-forts. Ah ! mon Dieu ! que l'espèce humaine est une vilaine engeance ! que tous ces mirmidons-là sont de drôles de polichinelles, quand ils sont sur des tréteaux qui les élèvent un peu plus haut que les autres !... Je parie que ces sots-là se croient des personnages à jouer un rôle, quand ils ne jouent que la farce, et quelle farce encore !... Heureusement pour nous qu'ils n'y restent guère, car on dit que le

Ch..... branle au manche. C'est comme à cet Institut. Voilà comme on y sert bien les gens à talent, et encore, dans la nouvelle organisation que l'on fait dans l'administration des bâtiments comme ils pensent bien à toi ! Raymond garde le Louvre ; on a nommé Brongniart je ne sais plus où, et ce n'est même qu'à son refus que Gondouin a été nommé pour le collège des Quatre-Nations. Il y a la Sorbonne aussi qui y est jointe, j'espère que l'hôtel d'Angivilliers ne sera plus regardé comme faisant partie du Louvre autrement que pour y loger les artistes, car je craindrais qu'on ne me renvoie par delà les ponts. Enfin moi je suis donc toujours à la chambre et au lit. Ainsi, mes amis, quand votre temps vous le permettra, venez donc voir votre pauvre souffrante amie

Sophie Arnould.

P. S. Que fait l'ami Vigier ? Je n'ai pas entendu parler de lui depuis le départ de la belle Clémentine, et pourtant il m'avait promis de venir me voir, et je désire bien qu'il me tienne parole, puisque je ne puis l'aller trouver faute de jambes et de santé.

Ah ! combien il va avoir d'amis qui réclameront sa bienveillance pour le 18 brumaire ! Que je le plains, ainsi que Mme *Félix, au souvenir desquels je vous prie de me rappeler.*

LXIX

La misère, et la misère dans les besoins de la maladie, c'était la fin douloureuse de cette triomphante existence qui en était réduite à ne pouvoir plus s'acheter les remèdes nécessaires, ainsi que le témoigne cette navrante lettre de Belanger, à la date du 11 messidor de l'an X (30 juin 1802)[1] :

« Citoyen ministre, je vous fais cette lettre à vous seul. C'est auprès du lit de la célèbre Arnould expirante (elle ne mourait que quatre mois après). Cette femme meurt privée des secours que son état de détresse ne lui permet pas de se procurer. Vous lui aviez accordé une représentation à son bénéfice au théâtre des Arts ; des gens obligeants lui en avaient offert 1,200 francs. Vous aviez ensuite désiré que cette permission fût retirée et échangée contre une offre de lui faire donner 6,000 francs. Elle en a reçu 4,000. Les 2,000 qui lui sont encore dus lui seraient du plus grand secours ; mais à qui s'adresser pour dégager votre parole ? L'agent comptable du théâtre des Arts prétend qu'il lui faut de vous un ordre parti-

1. C'est à peu près à ce temps que se reporte madame de Genlis, dans le volume V de ses mémoires, quand elle écrit : « Décidée à retourner à Paris, je sollicitai du gouvernement un logement ; on m'offrit celui de M¹¹ᵉ Arnould, l'ancienne actrice de l'Opéra qui, mourante, n'avait plus deux mois à vivre. Elle logeait à l'hôtel d'Angivilliers. »

culier, qu'il ne peut rien délivrer sans cet ordre.
Et cette malheureuse femme, de laquelle Gluck
disait : « Sans le charme des accents et de la dé-
« clamation de M{{lle}} Arnould, jamais mon *Iphigénie*
« ne serait entrée en France ; » cette infortunée
se trouve aujourd'hui privée même des moyens de
prolonger sa vie, faute de secours. Que diraient
les Moncrif, les Rousseau, les d'Alembert, les Diderot, les Helvétius, le baron d'Holbach, tous
ces hommes célèbres qui avaient tant recherché
sa société intime (et desquels on retrouvera la
correspondance) ? Que dirait Voltaire lui-même,
qui, à l'âge de quatre-vingt-deux ans, se fit porter chez elle et traça ces vers sur son buste :

> Ses grâces, ses talents ont illustré son nom ;
> Elle a su tout charmer, jusqu'à la jalousie.
> Alcibiade en elle eût cru voir Aspasie,
> Maurice, Lecouvreur, et Gourville, Ninon.

Cette femme si abandonnée a vécu au milieu des
savants, elle a vécu pour faire du bien aux infortunés, elle a vécu en laissant des modèles et des
élèves à la scène, qu'elle a embellie et même
créée ; les savants ont immortalisé ses talents et
son esprit, et pourtant cette femme meurt faute
de pouvoir se procurer des remèdes contre les
maux cruels qu'elle souffre[1] ! »

1. Lettre autographe signée, possédée par M. Adolph Lance
qui l'a donnée dans son *Dictionnaire des Architectes français*.
Paris, 1872.

LXX

La mort venait.

« *Souffrir, mourir.* » C'est une triste phrase des dernières lettres de Sophie.

Le curé de Saint-Germain-l'Auxerrois promettait le pardon à la Madeleine.

Sophie Arnould mourait le 30 vendémiaire an XI (22 octobre 1802)[1].

[1]. Voici l'acte de décès que M. de Manne a relevé sur les registres de l'état civil :

« (1er arrondissement, n° 139.)

« An XI, 1er brumaire (23 octobre 1802). décès de Madeleine-Sophie Arnould, décédée la veille, 30 vendémiaire, rue de l'Oratoire-Saint-Honoré, à l'âge de 62 ans. »

Elle a dû être enterrée au cimetière Montmartre (les registres ne commençant qu'en 1825), un arrêté du 21 ventôse an IX ordonnant que trois enclois de cimetière seront établis hors la ville de Paris et que le premier situé au nord sera affecté aux 1er, 2e, 3e et 4e arrondissements, — or Sophie Arnould demeurait dans le 1er arrondissement, et le *Pariseum* confirme la destination du cimetière Montmartre aux inhumations du premier arrondissement.

Le 11 nivôse de l'an XI de la République, au nom de Jules-Marie, homme de loy, habile à se dire et à se porter héritier, et ce sans attribution de qualité de D° Madeleine-Sophie Arnould, sa sœur, sommation était faite au citoyen Camille-Auguste Brancas de Lauraguais, officier, et à Antoine-Constant Brancas de Lauraguais demeurant rue Saint-Dominique, au Gros-Caillou.

A comparoir lundy prochain, 13 du présent mois, et jours suivants, rue de l'Oratoire, hôtel d'Angivilliers, où demeurait feue D\Arnould, à l'effet d'être présents à la vente, adjudication et délivrance au plus offrant et dernier enchérisseur en la manière ordinaire et accoutumée des meubles et effets

Elle fut enterrée sans bruit, presque sans amis, cette Sophie qui jadis[1]...

compris dans l'inventaire... On a vu plus haut, page 236, dans une note à propos du Paraclet, qu'un arrêt du Tribunal de 1re instance du 13 décembre 1802, rejetait les demandes de Brancas et de Murville, les déclarant, en leur qualité d'enfants naturels, inaptes à hériter.

1. Paris s'est si peu occupé des derniers moments de l'illustre chanteuse, que le *Journal de Paris* la fait mourir dans sa maison de Luzarches.

ICONOGRAPHIE

de

SOPHIE ARNOULD

———

PORTRAITS A L'HUILE, PORTRAITS DESSINÉS,

PASTELS, MINIATURES

Un portrait à l'huile de Sophie Arnould aurait
été peint par Greuze — on se rappelle que la
gravure de la Cruche cassée est dédiée à Sophie
Arnould. Ce portrait a figuré, en 1848, dans une
exposition au profit des Artistes à l'hôtel Pillet-
Will, rue de la Chaussée-d'Antin[1].

Un autre portrait appartenant à M. Félicien
Lambinet, et signé : *Donat Nonotte* 1779, a
tous les caractères d'un portrait de la chanteuse. Elle est reconnaissable, dans ce portrait,
aux beaux et vifs yeux du portrait de La Tour,
à l'aspect un peu noirâtre, légèrement mulâ-
tresse. que lui prête l'inspecteur de police de
M. de Sartine, à la grande bouche tourmentée,
au dire de Mme Lebrun, déparant sa beauté. On

———

1. *C'est la reproduction de ce portrait que nous donnons en
tête de la présente édition.* (NOTE DES ÉDITEURS.)

la voit représentée, un ruban passant dans la frisure de cheveux bouclés avec un *repentir* déroulé sur sa gorge nue, sortant d'une tunique, sur laquelle tombe de l'épaule gauche un pan d'étoffe.

Le portrait original de La Tour, le portrait historique de la chanteuse et de la femme aux bons mots, gravé par Bourgeois de La Richardière, après l'avoir longtemps cherché, j'avais cru décidément le dénicher. Hélas! ç'a été une déception. Ce fameux portrait que j'annonçais, dans la seconde édition, comme se trouvant chez un médecin, est en effet bien possédé par un médecin, par le docteur Molloy qui l'a eu, je crois me rappeler, d'une de ses malades dans son service de la Salpêtrière. Ce portrait, qui a un des cadres les plus riches du xviii° siècle — un cadre formé par une lyre surmontée par une guirlande de lis fleuris épandus sur les côtés, où sont accoudées deux figurines de femmes se terminant en arabesques, un cadre de chef-d'œuvre, un cadre royal; — eh bien, ce portrait n'est pas le La Tour gravé, et n'est pas ou n'est plus un La Tour. D'abord, tout en représentant la chanteuse vocalisant, le pastel ne la représente pas en Iphise, mais bien en une espèce de Thélaïre, vêtue de deuil, en perruque comme couverte de cendres. Toutefois ce changement ne serait rien : ç'aurait pu être une

modification apportée par le graveur, ou même
une répétition du pastelliste avec une variante,
Mais c'est un pastel de vitrier : cette bouche qui
chante, comme tordue dans une volupté douloureuse, en l'estampe de La Richardière, cette
bouche, dans ce pastel si princièrement encadré,
semble avoir été dessinée par un enfant. Je
serais disposé à croire que ce pastel a dû avoir
un jour son verre cassé, et que dans les temps
de mépris pour le xviiie siècle, il est resté longtemps comme cela, défendu de la saleté et de la
poussière à coups de plumeau — et ce, jusqu'au
moment où l'on s'est aperçu qu'il n'était plus,
et où on l'a fait revivre par un pastelliste du car-
refour de la Pitié.

Plusieurs miniatures ont été données, dans
les ventes, comme des portraits de la chanteuse.
Une entre autres, en la possession de M. Barre,
nous la montre dans ces années où la mode du
xviiie siècle commence à se tourner vers l'anti-
quité, dans ces années qui avoisinent de tout
près la Révolution. Elle est habillée d'une robe-
tunique blanche avec un liséré d'or courant sur
la naissance de sa gorge, une boucle de ceinture
formée par un camée représentant un guerrier
casqué, les bras qui sont nus, serrés à la hau-
teur des biceps par des bracelets d'or ; et elle
est coiffée de mille petites boucles poudrées, d'où
s'échappent deux grandes ondes de cheveux cou-

lant des deux côtés de son cou : une toilette de
ville d'actrice à cette époque. La femme née en
1740 est bien un peu jeunette, dans ce portrait,
pour une femme de 48 ans. Cependant, dans sa
portraiture bien certainement flattée, on retrouve
certains signes d'un âge marqué, entre autres
une petite ride de maigreur à la joue tout à fait
caractéristique, puis c'est bien le galbe de sa tête,
la forme de son nez, et sa bouche très fort rape-
tissée est entr'ouverte comme si elle murmurait
de la musique, et elle a surtout ses beaux yeux
suppliants à l'immense blanc des portraits qui la
représentent en Iphigénie; et même sous le colo-
riage délicieusement rose de la miniature, l'on
découvre de certains gris dévoilant le vrai fond du
teint de la chanteuse.

Enfin, parmi les dessins, il existait dans la collection de M. Mahérault un portrait au crayon
noir, une tête d'étude rendant les *belles douleurs*
que, selon l'expression de Collé, la physionomie
de la chanteuse jouait si bien dans les opéras
tragiques.

Je ne parle pas ici de tous les dessins des
costumes de la chanteuse, enlevés au courant de
la plume ou légèrement lavés à l'aquarelle, toujours sur un trait de plume, par Boquet; dessins
dont j'ai donné la description de quelques-uns
et qui se trouve dans l'ancienne collection Devéria, maintenant faisant partie du Cabinet des

estampes de la Bibliothèque nationale, dans les deux collections de la bibliothèque de l'Opéra, et provenant de la bibliothèque Taylor et de l'ancien fonds des Menus Plaisirs transporté au ministère des travaux publics, et finalement du recueil qui fait partie de ma collection de dessins du xviii° siècle.

STATUES, — BUSTES

MÉDAILLONS, — STATUETTES

Au Salon de 1775 était exposé par Houdon, sous le n° 257, le buste en marbre de Sophie Arnould dans le rôle d'Iphigénie. J'ignore où se trouvent aujourd'hui le marbre et la terre cuite de ce buste.

A la vente de Mme de Cossé (novembre 1778) le buste en plâtre de la demoiselle Arnould sculpté et réparé par Houdon se vendait 36 livres.

M. Charles Ephrussi possède une terre cuite, acceptée par les amateurs du xviii° siècle comme une représentation de Sophie Arnould, une Sophie Arnould au double menton naissant, et qui semble approcher la cinquantaine. Elle apparaît, deux longues boucles descendant sur les épaules, dont l'une est nue et dont l'autre est recouverte d'une draperie qui modèle une gorge très accentuée. Elle est signée à la naissance du bras gauche : *Roland F.* 8bre 1778.

BURINS, — TAILLE-DOUCE, — EAUX-FORTES

SOPHIE ARNOULD

ACTRICE DE L'ACADÉMIE ROYALE DE MUSIQUE

Dans le rôle de ZYRPHÉ *du ballet de* ZELINDOR

Peint par De La Tour, peintre du Roi
Gravé par Bourgeois de La Richardière

C'est le portrait en tête de *l'Arnoldiana* par Albert Deville.

De ce portrait généralement tiré au bistre, il existe des épreuves en couleur.

Mˡˡᵉ ARNOULD

RÔLE D'IPHIGÉNIE EN AULIDE

Dans l'opéra de ce nom

La livraison des COSTUMES ET ANNALES DES GRANDS THÉATRES DE PARIS où a paru ce portrait contient cette petite note : « Nous ne donnons ici que le buste de mademoiselle Arnould représentée dans le rôle d'Iphigénie en Aulide ; il est dessiné d'après un modèle fait par le célèbre M. Houdon. Nous aurions désiré la représenter en pied ; mais étant retirée de l'Opéra, l'impossibilité de nous en procurer un dessin nous a déterminés à donner son buste, persuadés qu'il ferait plaisir. »

La chanteuse est représentée, une rose piquée

dans ses cheveux poudrés, un sein complètement
découvert, la poitrine traversée par une bande
bleu de ciel sur laquelle sont dessinés un quartier
de lune et deux étoiles, la bande que les agents
du Comité révolutionnaire de Luzarches prirent
pour l'écharpe de Marat.

Ce portrait d'après le buste en marbre de
Houdon, est imprimé en couleur. Est-ce du colo-
riage de fantaisie, ce que je croirais ; sont-ce des
indications sur un dessin aquarellé du sculpteur ?

Mlle ARNOULD

Cœuré del   *Prudhon sculp*

Oh ! toi qui prolongeas nos jours,
Diane ! reprends un bien que je déteste.

Théatre de l'Opéra   Rôle d'Iphigénie

Portrait en pied publié colorié dans la Galerie
théatrale.

Mlle ARNOULD

Au-dessus de l'ovale du portrait : *Académie
impériale de musique.*

Sophie Arnould est représentée, le front ceint
d'un diadème auquel est attaché un grand voile
retombant par derrière, et vêtue d'une tunique,
au ton de pourpre, se chiffonnant autour du décol-
letage de sa poitrine.

Mauvais petit portrait colorié à la main, et ser-

vant à l'illustration de la Galerie Dramatique
publiée par Saint-Sauveur, Paris, 1809.

SOPHIE ARNOULD

Ce costume, gravé par Lanté dans le volume
de portraits de femmes du xviie et du xviiie siècle,
publié par La Mesangère, la représente dans un
costume dessiné bien certainement d'après un
dessin de Boquet, dans une robe à entrelacs de
rubans roses au centre desquels sont des grappes
de perles.

Enfin la reproduction toute moderne du dessin du xviiie siècle qui était dans la collection de
M. Mahérault, et que j'ai fait graver pour l'illustration de l'édition de luxe de Sophie Arnould
publiée par Dentu.

Il est gravé à l'eau-forte sans le nom du personnage, et porte seulement en bas : *Franc. Flameng*[1].

1. Une fois pour toutes, il est bien entendu que, dans mes
catalogues des portraits des Actrices, je ne mentionnerai, parmi
les portraits, que ceux qui ont un intérêt d'inédit ou d'art,
ne voulant en aucune façon charger ces petites iconographies
des reproductions bêtes, misérables, honteuses, et qui ne
font le plus souvent que répéter très mal une chose artistique.

POSTFACE

Par Emile BERGERAT

Si le réalisme est une École, — ce dont pour ma part, je doute un peu, — l'œuvre multiple des Goncourt me paraît en fixer plus que toute autre les diverses expressions littéraires. Peut-être même sont-ils les seuls réalistes sans mélange de notre langue, Balzac n'est en somme qu'un grand visionnaire et Flaubert un artiste du verbe bien moins épris des idées que des mots. Quant à Emile Zola, son génie est hybride; une lyre dissimulée fait bosse sous ses guenilles de biffin, et « ça se voit », aux reflets de la lanterne. Je ne crois pas qu'il soit utile de dire, et même de prouver, que l'auteur de *Tartarin* est un simple poète. Il n'en va pas de même des frères de Goncourt dont le talent offre cette singularité de ne s'entreprendre qu'à des phénomènes positifs et courants de la vie ambiante, soit sociaux, soit naturels, fussent-ils d'ailleurs passagers, et de s'abstraire systématiquement de tout rêve, partant de toute idéalisation. C'est en cela, je crois, qu'ils sont uniques et, tranchons le mot, inimitables.

Un Saint-Beuve dirait *ex professo* s'il ne faut pas

attribuer à la dualité même de cette collaboration siamoise la cause et l'effet d'une objectivité sans pareille où ne prévaut aucune des deux personnalités indistinctes et indivises. Si l'on a quatre yeux pour voir, deux sans doute qui exercent le contrôle des deux autres, et parent ainsi à tout mirage individuel et tiennent l'objet à son plan et à ses proportions circonstancielles, il en résulte une certitude, au moins immédiate, qui n'est pas la vérité sans doute, mais en tient lieu et même la remplace jusqu'à l'illusion.

Il est tout à fait remarquable que, appliqué aux tableaux de la vie moderne, soit au roman contemporain, le procédé des maîtres du naturalisme leur ait encore victorieusement servi pour leurs études rétrospectives d'art, de critique, d'histoire et leurs restitutions de figures et de milieux du passé. Leur probité d'investigation y est la même, également scrupuleuse, et elle vaut leur honnêteté d'observation. Ils n'y font point un pas sans être étayés d'un document probant qu'ils ont, là, sur leur table de travail, irréfutable. Ils en remontrent aux juges d'instruction les plus sagaces. Ils n'y contrôlent la synthèse que par l'analyse et n'y mettent du leur que leurs signatures de témoins posthumes. Il en va de même pour Marie-Antoinette que pour Manette Salomon et pour Germinie Lacerteux que pour Sophie Arnould ou la Pompadour, pour Watteau que pour Gavarni. Leur librairie de témoignages, lettres, portraits, mémoires, brochures, petits papiers, ne laisse aucune place aux hypothèses et défie toute imagination. Ils ont le roman photographique comme la biographie revivante, quotidienne. Ce sont d'exemplaires artistes à la

façon des maîtres d'autrefois qui ne laissaient perdre
aucune minute de leur vie et besognaient sans répit
ni dimanche à la gloire de leur métier.

La biographie de Sophie Arnould est la première
en date de la série des actrices de xviii° siècle publiée par les deux frères et qui devait comprendre
les huit plus célèbres comédiennes, chanteuses, tra-
gédiennes et danseuses de l'époque, entre toutes
galante et spirituelle, à laquelle présida Voltaire.
« Notre grand siècle », a dit Michelet. Il est du moins
celui où se sont épanouies les vertus ethniques de
notre race. Sophie Arnould en fut la femme type, et
surtout la parisienne. Elle eut dans ses mœurs
légères cette philosophie du sourire dont le fatalisme
doux est peut-être le dernier mot de la sagesse. Son
carquois mêlait les flèches de l'amour aux traits em-
pennés du mot d'esprit, et elle les décochait à main
pleine. Là est son idiosyncrasie historique. Phryné
n'en laisse rien à Aspasie en cet idéal de la courtisane
qu'ont adoré les Platon, les Périclès et immortalisé
les Praxitèle. Nos temps démocratiques y ont substitué la fille, qui est sans joie, quoi qu'en dise son
nom, et bête.

Il fallait s'attendre à ce que la curiosité physiolo-
gique des deux pénétrants écrivains s'inquiétât de
découvrir en l'actrice triomphante, la femme intime
et naturelle qu'y masque la vie publique. Il y en avait
de sentimentales au xviii° siècle et Jean-Jacques y parlait aussi éloquemment que Voltaire. Toute fille d'Eve
a son roman tôt ou tard. Aucune ne passe sur la terre
sans aimer. C'est la loi imprescriptible du sexe. Il
n'y échappe pas par le désordre non plus que par

le cloître peut-être. La figure d'Héloïse est symbolique autant que populaire, et Sophie Arnould, sa carrière finie et la Révolution venue, se retire dans un Paraclet, ainsi nomme-t-elle sa retraite. Elle n'y fut pas abandonnée. Entre ses innombrables amants, un lui resta, et jusqu'à la mort. C'était un artiste, l'architecte qui lui avait construit son hôtel de la Chaussée-d'Antin aux jours de sa prospérité. Elle l'avait aimé pour sa bonne humeur et ses facéties d'atelier, elle l'adora pour sa fidélité longanime et elle passa entre ses bras, plus heureuse que la pauvre Dubarry dont le bourreau montra la tête au peuple comme celle de Monsieur Danton.

EMILE BERGERAT,
de l'Académie Goncourt.

Note des éditeurs. — C'est environ l'année 1855 qu'après avoir dépouillé quantité de documents inédits pour leur *Histoire de la Société française pendant la Révolution*, ensuite *Pendant le Directoire* que les Goncourt « formèrent le projet de publier une longue suite de biographies dans lesquelles ils n'interviendraient que par une monture et un encadrement discrets. » De cette longue suite, *Sophie Arnould* fut le premier livre, dont l'édition originale parut en 1857, en un vol. in.-8°, à Paris, chez Poulet-Malassis et de Broise. Quelques exemplaires sur papier de Hollande en furent tirés. On fit également un tirage à part, pour être ajouté aux seuls exemplaires offerts par les auteurs, d'un appendice d'un feuillet « contenant un certificat du Dr Morand sur la santé de Sophie Arnould, des passages fort libres de ses lettres et la clef des noms omis dans le texte. Ces documents ont été fondus dans l'édition Charpentier de 1885. »

En 1859, deuxième édition en un vol. in-8°, chez Poulet-Malassis et de Broise.

En 1877, troisième édition en un vol. petit in-4°, chez E. Dentu, avec encadrements dessinés par Claudius Popelin et gravés sur bois par Méaulle. Tirage à petit nombre, avec quelques exemplaires sur Chine, Whatman, Hollande et vélin teinté.

En 1885, quatrième édition en un vol. in-12 chez G. Charpentier et Cie. C'est cette dernière, revue et mise au point par E. de Goncourt lui-même, que nous publions aujourd'hui.

TABLE DES PARAGRAPHES

LXIV

LXIX

LXX

ÉVREUX, IMPRIMERIE CH. HÉRISSEY. 3-22

www.ingramcontent.com/pod-product-compliance
Lightning Source LLC
LaVergne TN
LVHW051005200726
843508LV00001B/156